全国教育科学规划课题"地方应用型本科高校产学研创新探索——以浙江万里学院为例"（FIB180536）研究成果

A Study of
the Integration of Industry,
Science and Education
Ecosystem
in Application-Oriented
Universities

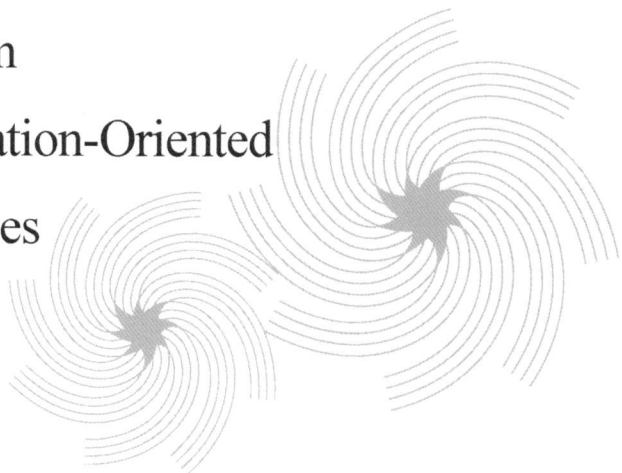

应用型高校
产科教融合生态系统的研究

林良富　马建荣　李　凤 ──── 等著

ZHEJIANG UNIVERSITY PRESS
浙江大学出版社

图书在版编目(CIP)数据

应用型高校产科教融合生态系统的研究 / 林良富等
著. — 杭州：浙江大学出版社，2021.12
ISBN 978-7-308-21830-6

Ⅰ. ①应… Ⅱ. ①林… Ⅲ. ①高等学校－产学合作－
研究－中国 Ⅳ. ①G649.21

中国版本图书馆 CIP 数据核字(2021)第 207061 号

应用型高校产科教融合生态系统的研究

林良富　马建荣　李　凤　等著

策划编辑	吴伟伟
责任编辑	陈翩
责任校对	丁沛岚
封面设计	米兰
出版发行	浙江大学出版社
	（杭州市天目山路 148 号　邮政编码 310007）
	（网址：http://www.zjupress.com）
排　　版	杭州朝曦图文设计有限公司
印　　刷	广东虎彩云印刷有限公司绍兴分公司
开　　本	710mm×1000mm　1/16
印　　张	11.75
字　　数	160 千
版 印 次	2021 年 12 月第 1 版　2021 年 12 月第 1 次印刷
书　　号	ISBN 978-7-308-21830-6
定　　价	52.00 元

浙江大学出版社市场运营中心联系方式：(0571)88925591；http://zjdxcbs.tmall.com

应用型高校产科教融合生态系统的研究

邵明远题

前　言

　　地方应用型大学作为我国高等教育体系的重要组成部门,在高等教育强国建设和区域社会经济高质量发展中发挥着举足轻重的作用。高水平应用型大学作为区域高等教育的标杆,是优化区域高等教育结构的先行者和服务区域产业发展的生力军,必须精准定位,提升应用型培养能力,增强产业服务能力,打造高水平应用型特色,实现可持续发展。

　　当下,创新已从基础研究—应用研究—产品开发—商业运作的线性模式转变为产学研协同创新体系模式,并不断向区域创新生态系统模式迈进。近年来,在建设特色鲜明的高水平应用型大学过程中,浙江万里学院主动与行业及行业龙头企业、行业协会、研究院所等合作共建产业学院和研究院,推进了集人才培养、科技研发、产业孵化为一体的产业学院和产业研究院建设,出台了人财物事共享政策、校企权责分配办法、校企联动运行管理办法,形成了人才共育、就业共担、成果共享的长效运行机制,实现了以创新引领区域产业发展格局,促进了产业与教育的融合发展,为区域创新生态系统建设贡献了力量,为地方高水平应用型高校建设提供了有益参考。

　　本书基于地方高水平应用型大学建设的现实需求和历史经验,着力探求产科教融合策略与途径。第一章是引论部分,探讨了高水平应用型大学发展的历史与现实、经验与动向,引出了产科教融合必由之路。第二章到第四章全书的主体部分,提出了产科教融合的新策略,论述了产科教融合的内涵与模式,叙述了我国地方应用型高校产科教融合的演变、困境与路径,对"双主体"

1

产业学院、"一体化"产业研究院进行了较为全面、系统的论述,而我国地方应用型高校的典型做法和运行机制则融会贯通于各章节的具体论述之中。第五章是全书的核心部分,讨论了产科教融合生态系统的内涵与构架,研究了产科教融合生态系统运行机制与环境、构建原则与实施策略。全书结构严谨,脉络清晰,论述充分,观点新颖,既有对地方应用型高校产科教融合的共性研究,更着眼于校本特色和案例研究;既重视一些问题的理论分析,更重视实证研究,许多原理、原则、经验和做法,对于我国地方应用型高校探索产科教融合之路具有一定的启发和参考价值。

目　录

第一章　高水平应用型大学发展概述

第一节　应用型大学发展历史与典型代表

一、应用型大学的内涵与特征

(一)应用型大学的内涵

在我国,高等学校根据隶属关系或管理权限,可分为教育部直属院校、中央各个专业部委所属院校和地方院校;按教育层次,可分为本科院校、专科院校;按颁发文凭的系列进行分类,可分为普通高等院校与成人、继续教育院校。另外,还有按照学科专业设置情况与人才培养特征的划分,根据学科设置数量的多少,可分为综合性院校、多科性院校、单科性院校;根据学科设置的类别,可分为综合性大学、理工科院校、医科院校、农科院校、师范院校等;按科研的规模和学校的能级,可分为研究型院校、教学型院校、研究教学型院校、教学研究型院校、专业型院校;按主要投资渠道,可分为公立院校、民办院校;按发展目标和水平,可分为"985 工程"院校、"211 工程"院校、"双一流"院校、一般院校等。

在联合国教科文组织制定的《国际教育标准分类》中,高等教育包括第五级和第六级教育,第五级为大专、本科、硕士研究生教育,第六级是博士研究生教育。在《国际教育标准分类》的第五级中,并没有对所包含的大专、本科、硕士研究生三个层次的教育进一步分类,而是将其分为 5A 和 5B 两个类型。5B 学习年限较短,一般为 2～3 年,为实用型、职业技术教育,相当于我国目前高职高专教育的类型,但并不限于专科的层次。5A 学习年限较长,一般为 4 年以上;又被进一步细化,分为 5A1 和 5A2 两种类型。5A1 是按学科分设专业,为进一步研究做准备的教育;5A2 是按大的技术领域(或行业、产业)分设专业,适应高科技要求的专门教育。5A1 是培养学术型、研究型人才的教育,可将其称为研究型教育;5A2 是培养高科技专门人才的教育,可将其称为应用型教育。归纳上述第五级的教育,可分为研究型、应用型、实用型 3 种类型的教育。

实用型教育的大学以职业技术教育为主,其目的是为社会建设提供基础工程技术人员,而应用型大学主要培养有扎实的应用理论与技术的高级技术人才及管理人才,两者在人才培养层次和规格上有差别。应用型大学没有统一的定义,但其历史短、科研功能较弱、理论与实际操作能力并重、需要不断服务社会的表征是公认的。所以,应用型大学是适应时代科技化、高等教育大众化与普及化趋势,与经济社会发展紧密联系,并直接为社会服务的院校。其人才培养侧重科学技术应用,以培养知识与技能兼备的高层次技术应用型人才为目标。①

综上,我们对应用型大学描述如下:顺应社会经济的发展需要,适应时代科学技术进步,主动为地方经济社会和产业发展服务,致力于培养基础扎实、能力突出,有创新意识、创新能力和国际化视野的高素质应用型人才。

(二)应用型大学的特征

1.以产业性为主导

产业指向性是应用型大学服务面向的主要特征,也是应用型大学办出特色的根本途径。遵循高等教育的外部关系规律,应用型大学不仅要立足地方,更要着眼产业,应在更合理的区域产业发展格局内,强调专业布局适应产业结构与特征、人才培养适应产业需求、科技服务适应产业功能,建立产业指向性明显的需求驱动发展模式,形成与本地区的产业、科技和社会协调发展的机制,拓展特色办学的广阔发展空间,提升对地方经济发展的辐射力和贡献率。产科教融合是地方应用型大学服务地方产业、提升人才培养与社会需求适应度的有效路径。②

2.以专业性为主线

应用型大学专业教育与侧重学科教育的普通大学同型异质,属于定向于工程应用或技术应用领域并更加体现行业适应性的应用型高等教育,强调专业方向与行业走向的密切联系,侧重以与工程技术等应用领域相适应的专业

---

① 史健勇.基于东方管理理论的应用型大学竞争力研究[D].上海:复旦大学,2012.

② 刘欣.应用型本科教育的起点范畴与特征[J].中国高等教育评论,2010(1):427-438.

能力为主线,注重专业设置的行业属性,更加突出专业教育的专门性、针对性、实践性和行业性。应用型本科的专业教育同时是基于学科背景和通识教育的专业性教育。在专业内涵与专业结构上,应用型大学既强调专业应用性,又要求具备适度宽厚的学科基础。应用型专业教育培养的人才同样应该具备运用宽厚扎实的学科基础理论解决实际问题的能力。应用型大学必须按照教育部规定的"培养基础扎实、知识面宽、能力强、素质高的高级专门人才"的总体要求,构建独具特色的应用型人才培养方案,着力促进专业应用型人才培养模式的整体变革。①

3. 以实践性为主载

实践性是应用型大学人才培养的本质内涵,也是实现与学术型大学错位发展的关键。应用型大学传承其重视和强化实践性教学的原有优势,把实践性贯穿于应用型大学人才培养的全过程。应用型大学重点培养具备创新精神和实践能力的应用型高级专门人才,其主要载体或途径在于加强实践性教学,因此,构建与理论教学体系紧密联系的独具特色的实践性教学体系尤为重要。应用型大学的人才培养体系包括理论教学体系、实践教学体系和素质拓展体系,尽管它们的功能和实施重心不同,但强调实践性教学、培养"基础扎实、学以致用"的专门人才是其共同元素和关键取向。

实践性教学的重要途径是产学研合作教育。潘懋元先生认为,产学研合作的深层次意义在于,它不仅是高等教育的方针政策,而且是现代社会发展的普遍规律,是培养应用型人才、提高教育质量的重要途径。其中,"产"主要是应用知识,"学"主要是传承知识,"研"主要是创新知识,三者本质上都是知识运行的活动形式,存在相互依存的关系和内在本质联系。② 产学研合作教育重在发挥实践教学的主导性,实现应用型人才培养规格与行业企业用人标准的融通对接,以合作教育为切入点,以人才培养为根本点,既有针对性地培养极具行业企业特征、极富实践能力的应用型专门人才,也更便捷地为企业提供科技服务,更充分地发挥校企各自优势,实现校企资源共享和双赢目标。

① 潘懋元,车如山.做强地方本科院校:地方本科院校的定位与特征[J].中国高教研究,2009(12):15-18.

② 潘懋元.产学研合作教育的几个问题[J].中国大学教学,2008(3):15-17.

其基本特征为:在目标定位的适应性上,主要以培养学生的实践能力、专业能力和就业竞争力为重点;在功能定位的互补性上,主要整合学校与社会两种教育环境和资源优势,实现间接教育环境与直接生产环境的融合;在模式定位的延展性上,主要体现为产学合作、工学交替、定向培养等多种实践模式,并注重在地方政府的主导和支持下,与行业企业合作共建开放性、多功能的实践教学基地和科技服务平台,在为行业企业提供科技服务和智力支持的过程中,培养应用型专门人才。[①]

二、应用型大学的缘起与发展

应用性是大学的本质属性,自大学诞生之日起,大学的应用性就伴随大学的发展而日益凸显。而工业革命的爆发和经济、科技的发展以及由此产生的对高素质应用技术型人才的需求,催生了欧美的应用型大学。19世纪初,英国兴起"新大学运动",以伦敦大学为代表的11所新大学,围绕第一次工业革命和商业发展的各种需要,开设大量实用课程,培养了大批产业人才。19世纪末20世纪初,英国又崛起了一批"红砖大学",这些大学的学科专业以工程、科技和医学为主,致力于普及与工业生产和城市发展领域相关的专业知识和技能,提供面向市民的职业教育,满足经济建设和城市发展的需要。

在英国开展"新大学运动"的同一时期,美国在新开辟的广袤的中西部地区先后建立了约70所赠地学院,旨在为新开发土地上所开展的工农业生产培养工程技术人才和农业科学、技术人才。随着时间的推移、社会的发展和科技的进步,学科设置不断拓展,涉及经济、医疗、管理、教育和公共服务等多个领域,大多数学院也升格为大学,并在各自领域取得卓越的成就,一些学校在今天已成为享誉世界的名校。

应用型大学自诞生之后,逐渐成为发达国家高等教育体系中的一种重要类型和必要组成部分,肩负着培养高层次应用型人才,开展应用型研究、开发和服务的多重使命,成为各国经济增长、社会繁荣和科技进步的重要贡献力量。应用型大学特色鲜明,其具体形式和发展方式在不同时期、不同国家有着巨大差异,比如英国的多科技术学院、美国的社区学院和德国的应用科技

---

① 潘懋元.应用型人才培养的理论与实践[M].厦门:厦门大学出版社,2011:28.

大学等。[1] 其中,德国的应用科技大学(Fachhochschulen,FH)尤为典型,它是 20 世纪 60 年代德国经济高速发展的产物。在这一时期,德国出现了大量的新兴产业,这些产业的诞生需要大量具有实践能力的高级专门人才。应用科技大学作为一种新的高等教育类型由此在德国正式诞生,它的出现,既是对德国原有一元制高等教育结构的有益补充(德国高等教育二元制雏形在这一时期得以建立),也迎合了德国越来越多中学生进入高等学校深造学习的需要,德国高等教育大众化得以启动并迅速推动应用科技大学真正成为德国的第二大类高校,成为"德国经济发展的秘密武器"。

地方高校向应用型大学转型是当前我国高等教育制度变迁的重要内容。有关应用型大学的建设,我国已有一些积极探索。源于社会对人才结构需求的转变和地方经济发展等外部推动,以及高校自身生存错位发展等内生驱动,诸如北京联合大学等地方高校从 20 世纪 80 年代开始便针对应用型大学的办学理念、办学定位、办学目标、办学思路、发展模式等进行了实践和探索。2010 年以后,随着我国高等教育从规模扩张进入内涵式发展新时期,为提高高等教育质量,优化高等教育结构,作为高等教育制度的主要供给者的政府从顶层部署政策体系,全面撬动了地方高校向应用型大学的转型。近些年来,地方普通本科院校和新建本科院校在向应用型大学转型发展方面已达成共识。应用型不是层次的高低,而是一种大学类型。在实践中,地方高校确立了以应用为本的办学定位,设置了与区域产业相契合的学科专业结构,构建了应用型人才培养模式,积累了应用型高校办学的初步经验,但同时也存在着价值实现的困境、路径的困境、组织的困境、产科教融合的困境、制度的困境等,需要地方高校进一步跨越。

三、国外应用型大学典型代表

建设高水平应用型大学旨在全面提升高等教育质量,培养高水平应用型人才,为经济转型升级提供更加坚实的人才支撑。应用型大学的发展受国家和地区的政治、经济、文化以及历史发展阶段等的制约,有其独特的发展规

---

[1]　朱建新.地方应用型大学变革研究:以 X 学院为例[D].杭州:浙江大学,2019:33-34.

律,在不同国家和地区呈现不同的形态。探析国外的应用型大学发展情况,对我国建设高水平应用型大学有重要的借鉴意义。

(一)德国应用科技大学

早在20世纪初,以教学与科研的统一、学术自由和大学自治为核心的"洪堡思想"就已对世界其他国家的高等教育产生了重要影响。由历史转向当下,在我国政府大力推进地方高校向应用型大学转型的新形势下,德国另一种类型的高等教育——应用科技大学成为我国高等教育理论界和实践者关注的热点。在德国,应用科技大学几乎占据高等教育的半壁江山,应用科技大学与研究型大学具有同等价值。[①]

德国高等教育体系主要包含以学术为主的综合性大学、以应用能力为主的应用科技大学、艺术学院三类。德国应用科技大学创建于20世纪60年代末,是德国高等教育体系和职业教育体系的重要组成部分,其德文单词中,fach代表专业、学科,hochschulen代表高等学校和大学。[②] 由于应用科技大学以开发实践能力为核心,所培养的学生具有扎实的专业理论知识以及能够解决复杂技术问题的科研能力,因此特别受到市场的青睐。

服务区域经济发展是德国应用科技大学的重要目标之一,其在专业设置上注重与地方社会的适应性,依据区域产业结构适时调整学校的专业结构和人才培养方案,将人才培养与社会需求联系在一起,以适应产业结构调整带来的人才需求变化。[③] 此外,德国充分发挥区域经济发展的优势,让企业的生产基地成为应用型人才培养的重要基地,将人才培养的过程融入生产过程中,大大加强了学生的实践应用能力。

(二)英国多科技术学院

多科技术学院作为英国高等教育体系的重要组成部分,是英国培养技术技能人才的主阵地,并且向社会输送了大量高质量、高素质的应用型人才。

---

① 朱建新.地方应用型大学变革研究[D].杭州:浙江大学,2019:3-5.
② 韩学军.发达国家应用型创新人才培养模式的比较研究[J].理论界,2010(2):1-11.
③ 罗瑶嘉.地方高水平大学理工类本科应用型人才培养研究[D].大庆:东北石油大学,2019:16.

在教学模式上,多科技术学院采用典型的工学结合形式的"三明治"课程(sandwich course),将课程学习与实际工作紧密结合,在保障学生掌握专业知识的同时促进学生专业技能的提高。根据专业所需能力安排设置课程,保证课程紧贴社会及行业需求,满足多样化、个性化的人才需求,提高培养过程的职业针对性。

"三明治"教学模式是一种将基础知识、专业知识和生产实践三者相结合的一体化人才培养策略,最早产生于高等职业教育中,旨在培养技能型人才。多科技术学院的"三明治"教学模式,分"2+1+1"和"1+2+1"两种形式。与其他类型的人才培养模式相比,它的学制要多1年,多出来的1年时间主要安排学生深入企业开展实践。

多科技术学院特色鲜明的"三明治"教学模式和"三明治"课程充分发挥了学校与企业相结合的优势,能够实现学校与企业的特色资源的优化配置,避免各自在人才培养过程中的缺陷和不足,共同提高学生的应用能力。

(三)日本丰桥技术科学大学、长冈技术科学大学

日本的技术科学大学作为本科层次的职业教育,是培养高级技术人才的摇篮,主要以20世纪70年代日本政府创办的两所独具特色的国立大学——丰桥技术科学大学、长冈技术科学大学为代表。这两所大学实力较为雄厚且发展水平较高,开创了日本技术科学大学的先河。丰桥技术科学大学以培养应用型人才为根本任务,注重学生复合能力的培养,其教学理念是:通过对科学技术的探索,把学生培养成具有实践技术能力、创造力的技术人员和科研人员。[1]长冈技术科学大学以"VOS"(Vitality, Originality, Services to society)为校训,旨在培养学生的活力、创造力及奉献社会的精神,其办学宗旨是:在全球化发展的进程中,针对科学技术的变革创新来培养技术技能型人才,力求对人类社会的繁荣有所贡献。[2]

---

① 王宁宁.中日工科院校应用型本科人才培养模式比较研究[D].哈尔滨:哈尔滨理工大学,2016.

② Myers T, Monypenny R, Trevathan J. Overcoming the glassy-eyed nod: An application of process-oriented guided inquiry learning techniques in information technology [J]. Journal of Learning Design, 2012, 5(1): 12-22.

第二节　高水平应用型大学的现实逻辑

一、高水平应用型大学的内在属性

(一)学科专业一体化

高水平应用型大学应具备以专业为核心的学科、专业、课程一体化模式(见图 1-1),主动适应区域社会经济发展的需要,对接区域产业结构,建设专业集群,根据专业人才培养目标来构建课程体系。课程体系设置需要若干学科来支撑,专业课程则通过知识传授来实现人才培养目标,向社会输送相应的专门人才。[①]

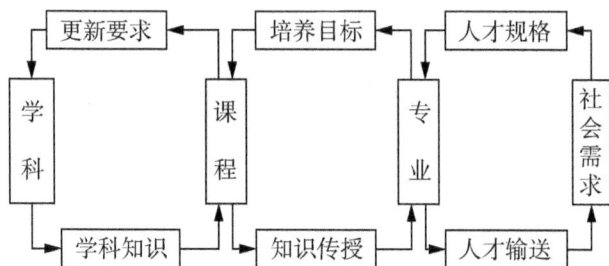

图 1-1　学科、专业、课程一体化模式

学科建设是应用型高校专业集群建设的基础。高水平应用型大学应以优势学科为核心,辐射相关学科建设,依据地方经济发展的实际需求,构建专业集群,设定培养目标,科学建设课程体系,依据自身优势与地方实际为当地经济建设与社会发展造就大批"下得去、留得住、用得上"的高级应用型人才。另外,高水平应用型大学应优化专业结构,对基础学科专业应当在保护的前提下进行应用性方向的改造,对产业技术含量高的通用性专业应加强宽口径整合和专业群建设,对培养新型复合型应用人才的交叉型专业应优先发

[①]　徐金梧.坚定"质量＋特色"内涵发展之路 大力提升行业特色型大学核心竞争力[J].北京教育(高教版),2011(1):15-17.

展,对能为地方经济发展特别是地方产业升级和支柱产业发展提供重要人才支撑、技术支撑的应用型专业应重点建设,倾力打造优势专业和特色专业。

(二)高水平应用型科研

高水平应用型大学应坚持高水平办学,注重以专业化知识的应用服务社会,以知识的应用研究作为推动学校不断前进的动力;应具备高水平的科学研究能力与成果,坚持特色化发展,大力开展应用科学研究与高新实用技术推广。与传统综合型或研究型大学相比,高水平应用型大学更注重学术和技术积累,更强调科研成果的应用和转化,也就是更强调应用型科学研究。这种应用型的科学研究是高水平应用型大学特色发展、创新发展的核心要素;同时,具备应用型特征的科学研究不仅能推动高水平应用型大学整体办学水平和办学层次的提高,还能通过产学研合作等方式服务地方社会发展。高水平应用型科研体现在拥有高水平的科研团队,高水平的科研项目,以及专业性强、特色鲜明的科研平台等。

(三)高水平师资队伍

高水平师资队伍是高水平应用型大学建设的关键。高水平应用型大学应有高比例、高质量的双师双能型师资,教师真正具备很强的教学能力、实践能力、应用能力和产学研合作能力。高水平应用型大学应通过引进高技能人才、聘请行业企业专家兼职授课、委派教师到企业定岗进修等举措,与行业企业对接,提升教师的创新实践能力。同时,高校师资队伍应具有可持续发展能力,有一流的学术带头人,有跨界、跨学科的创新团队,有长期的实践过程中形成的共同的价值观念即团队文化,并注重团队的创新机制的建立、协作精神和学术氛围的培育,形成团队文化品牌。

(四)产科教融合培养途径

高水平应用型大学突出强调专门性、针对性、实践性和行业性,其定"根"在地方,定"向"在产业,定"性"在专业,定"型"在应用,定"位"在教学,定"格"在实践。因此,高水平应用型大学应立足地方,在服务地方发展中彰显人才培养和社会服务的价值;应在衔接教育链、人才链与产业链、创新链等方面达到较高水准。

二、高水平应用型大学的逻辑起点

逻辑起点应是一门科学或学科中最简单、最普通、最抽象的范畴,并且是一个起始范畴;逻辑起点应揭示对象的最本质规定,逻辑起点与它所反映的研究对象的历史起点一致,应在历史起源上凝结为理论叙述起点的逻辑范畴,体现历史与逻辑相统一的原则。① 应用型本科教育的逻辑起点是"专业性应用教育",即应用型本科教育应是"建立在普通教育基础上的专业性应用型教育"。从这一逻辑起点出发,通过专业性应用教育规律、专业性应用教育原则等中介概念,可以达到"应用型本科教育"这个核心概念,最后达到逻辑终点"专业应用型本科教育的目的、培养模式及其实现途径"。② 它在服务面向上以产业性为主导,性质上以专业性为主线,类型上以应用型为主体,层次上以教学型为主流,模式上以实践性为主载,与侧重学科性教育的普通大学同型异质,本质上是建立在普通教育基础上的本科层次的应用型专业教育,其特性是结合学科和产业分设专业,培养面向社会一线的专业应用型高级专门人才。高水平应用型大学与应用型大学是从属关系,与应用型大学属于同一逻辑起点,同时又是现实需求下的产物。

(一)知识与理论逻辑:从知识生产模式Ⅰ到知识生产模式Ⅱ

在传统的科学知识生产模式下,科学与技术、基础研究与应用研究是截然分开的,理论成果并不能直接转化为现实生产力,知识生产过程的质量监控和成果评价一般交由同行来认定和保证。专业人员的知识成果一般只对同行开放和负责,般只关注同行的态度及评价,而非社会公众的意见。这种基于牛顿模式的学科研究被吉本斯(Michael Gibbons)视为知识生产模式Ⅰ。③ 然而,知识生产模式Ⅰ正在或已经发生转变。从知识供给来看,作为知识生产中心的大学正在丧失其垄断地位。新的知识供给主体在大学外部不断涌现,如企业研发中心、政府智囊机构、社会咨询机构等。从知识需求来

---

① 黑格尔.逻辑学(上卷)[M].杨一芝,译.北京:商务印书馆,1977.
② 潘懋元.关于高等教育学科建设的若干问题:在全国高等教育学科建设研讨会上的报告[J].高等教育研究,1993(2):1-6.
③ 蔡宗模.高等教育应用转型的逻辑与问题[J].教育发展研究,2012(21):1-5.

看,全球化的商业竞争使企业等经济实体成为新知识与新技术的狂热追求者,尤其是一些"大科学"项目,对新知识与新技术的需求已超越以往任何单一专业或大学的知识供给能力。正常情况下,必须借助政、产、学、研等多方协同合作,才能确保这些"大科学"项目的顺利完成。在此背景下,基于应用情境的,跨学科、跨行业的,更加强调研究结果的绩效和社会作用的知识生产模式Ⅱ应运而生。在新的知识生产模式下,问题识别和问题解决能力成为突出的技术要求,知识生产的学科分隔和行业垄断不但无必要且被视为一种制度障碍而逐渐被逐出历史舞台。① 知识生产模式Ⅱ具有极强的应用导向,知识生产围绕问题识别和问题解决展开,所有的研究都围着某种社会目的进行。科学研究的重心从自由探究转向问题解决,科学与技术、基础研究与应用研究以及学科间的界限愈益模糊,传统的知识生产二分法"基础—应用"演变为"基础被应用","大学科学家"正在演变为"企业家式科学家"。显然,在知识生产模式变革的背景下,高等教育机构已丧失知识生产唯一场所的中心地位,政府、企业及其他社会机构已参与到新知识生产及创造中来。新知识的生产来源于经济和社会中的问题,以任务为中心,按投资者和使用者的需求进行,跨学科特征突出。传统的研究与开发模式越来越不适应知识经济时代的要求,大学的知识生产模式必须由知识生产模式Ⅰ向知识生产模式Ⅱ转变。②

(二)现实与实践逻辑:服务国家战略

高水平应用型大学的使命在于,立足解决我国人才培养结构和质量尚不适应经济结构调整和产业升级的矛盾,向现代生产服务一线提供应用型、复合型、创新型人才,主动适应我国经济发展新常态,主动融入产业转型升级和创新驱动发展,为国家和地方产业结构优化升级提供人才支撑。③ 为提升中国高等教育综合实力和国际竞争力,为支撑"两个一百年"奋斗目标和中华民族伟大复兴的中国梦的实现,2017年1月,我国正式提出建设世界一流大学和一流学科。2017年9月"双一流"高校建设名单正式公布以后,榜上有名的

① 迈克尔·吉本斯.知识生产的新模式:当代社会科学与研究的动力学[M].陈洪捷,沈文钦,等译.北京:北京大学出版社,2011:8.
② 胡天佑.建设"应用型大学"的逻辑与问题[J].中国高教研究,2013(5):26-31.
③ 苏志刚.高水平应用型大学建设探索与实践[J].中国高校科技,2019(4):4-8.

"985 工程""211 工程"院校及部属老牌院校,都开始围绕"双一流"建设制定实施方案,在各具特色的优势领域和方向上创造世界一流。而地方应用型高校,无论是自身条件还是发展优势,都明显比不上榜上有名的高水平院校。地方应用型高校作为我国高等教育结构体系的重要组成部分,是地方社会经济发展的助推器与中坚力量。地方应用型高校面对"双一流"的建设目标,既不能故步自封,也不能亦步亦趋,必须合理定型、精准寻位、选择符合自身实际的可持续发展之路,办出特色,争创一流。高水平应用型大学应当面向国家重点发展行业和新兴产业,在服务国家战略中找到目标方向,实现价值提升。

第三节 地方高水平应用型大学的建设实践
——以浙江万里学院为例

地方高水平应用型大学,应该是定"根"在地方,"生长"于地方,"成长"于地方,与地方共生共荣;应该是定"位"在应用,高校人才培养的生命力在于应用,科学研究的源动力在于应用,彰显地方大学的"应用"价值观;应该是定"标"在高水平,在全国地方应用型高校的参照系中位居一流,在服务区域发展和产业转型的贡献度上"有为""有位",凸显地方大学的学科专业优势。

一、地方高水平应用型大学的外在表征

地方高水平应用型大学应该有何特征?从高校建设者的视角出发,笔者认为,地方高水平应用型大学的外在表征可以概括为"三力":招生吸引力、毕业生竞争力、资源获取力。

(一)招生吸引力

招生吸引力是高校办学实力、社会声誉最直接的反映,也是地方应用型高校培养高素质应用型人才的生源基石。地方高水平应用型大学招生吸引力的背后,是人才培养质量,是毕业生在社会上塑造的品牌。地方应用型高

校如何"读透学生"、细分学生诉求,如何根据学生的身心特点呵护他们的兴趣、爱好、特长并激发他们的合作意识、动手实践能力和创新创业精神,让每一位学生的优势潜能得以发展并努力成才? 这是地方应用型高校扩大招生吸引力必须回答的问题,也是地方高水平应用型大学的办学之源。

(二)毕业生竞争力

毕业生竞争力直接反映了高校人才培养质量,也是用人单位、社会对地方应用型高校评价的重要反映。地方应用型高校如何实现增值教育,让毕业生赢在终点? 首先,要打破研究型高校的路径依赖,真正读懂社会需求,定"性"在行业,构建以行业需求为导向、应用能力培养为重的人才培养模式,以产科教融合、信息技术深度应用、国际化育人作为三大突破口提升应用型人才培养的适应度、达成度、满意度。其次,构建多主体、多学科、多层次、全程化的产学研一体化协同育人培养模式,培养学生行业关键岗位的核心能力、解决复杂问题的能力。"请进来""走出去",拓展国际化育人途径,开展全方位、宽领域的教育国际交流与合作,打造国际化专业、课程和项目,让学生通晓国际规则、具备跨文化协调沟通能力。这是地方应用型高校的难题,也是地方高水平应用型大学的立身之本。

(三)资源获取力

资源获取力是高校办学活力、社会服务能力的直接体现,也是地方应用型高校破解资源瓶颈的核心能力。资源既是教育发生发展的基本条件,也是高校与社会互动的载体。地方应用型高校与研究型大学相比,资源总量稀缺,缺少稳定多元的资源筹措渠道,内部资源结构同质性过强,外部资源区域差异较大,更加需要面向社会广泛获取资源。在知识经济时代,资源配置发生了根本性变化,资源转化成为高校获取社会资源的重要方式。地方应用型高校应当将应用型科学研究实力转化为生产力,在"以服务求支持,以贡献求发展"的过程中获取所需资源竞争优势;通过资源"创造性再生",实现教育资源价值最优化,使地方应用型高校集聚可持续发展的社会资本,从而获得更多的社会、政府支持和资源投入。这是地方应用型高校在市场经济条件下的新课题,也是地方高水平应用型大学的强校之路。

大学是高度理性的组织,必须在理性的价值引领下找到符合其规律的发展路径。地方应用型高校在高水平建设实践过程中,要精准寻位,定"根"在地方,定"位"在应用,聚焦"三力"提升,特色发展,面向未来、守正创新,培养应用型、复合型和创业型人才,早日建成特色鲜明的地方高水平应用型大学。

二、浙江万里学院的特色探索

浙江万里学院以应用型的办学定位、服务型的办学追求、创业型的办学特色、国际化的办学特征,恪守"以生为本、以师立校、面向市场、国际接轨"的办学理念,积极探索高水平应用型大学建设,以适应互联网时代"跨界、融合、互联、创新"的发展要求,促进课内外、校内外、国内外跨界与融合,构建学校主体、政府支持、行业介入、企业参与的协同育人机制,满足产业转型升级对多样化应用型人才的需求,形成以产科教融合为特征的混合型办学体制特色。学校自 2015 年成为浙江省应用型建设试点示范学校起便展开了创建高水平应用型大学的实践探索。

(一)主要举措

1.人才培养质量提升工程

第一,打造有竞争力的学科专业集群平台。服务支持国家"一带一路"倡议、"中国制造 2025"、跨境电子商务综合试验区、浙江省海洋经济发展、宁波港口经济圈等发展方略,积极培育优新特色学科专业集群。一是调整专业学院结构,形成了一个学院服务一个产业链的学科专业集群。原计算机学院的统计学、信息与科学 2 个专业纳入商学院,软件工程、计算机科学与技术、信息工程纳入电子信息学院,重新组建电子与计算机学院。适应电商与物流经济的发展,由原商学院拆分重新组建物流与电子商务学院。二是学院集中资源,建设有竞争力的学科专业集群平台。电子与计算机学院以 2 个省一流学科为基础,构建对接智能制造核心技术人才培养的专业链;生物与环境学院以 1 个省一流学科、1 个省重中之重学科、4 个省重点学科为基础,构建对接现代农业产业人才培养的专业链;商学院立足中东欧战略合作,服务宁波打造"一带一路"支点城市,以 2 个省一流学科、2 个省重点学科为基础,构建了互联网金融经贸人才培养的专业链;电商与物流学院以 1 个省一流学科、2 个省重点学科为基础,构建了电子商务产业发展人才培养的专业链。

第二,扎实推进应用型专业综合改造。对全校 43 个专业进行应用型综合改造工作,重构三层次课程体系和项目化教学内容。一是按照"学科服务专业、专业服务行业"的原则,做宽做实基础课程,分层分类设置教学内容;二是做精做强核心课程,对接产业重组教学内容,课程门数控制在 10 门以内,总学分控制在 45 分左右;三是做活做特模块课程,对接行业或岗位能力需求,打造项目化专业模块课程群。同时,创新项目化教学内容,强化实践教学,对于产业发展引导的新模块方向课程,通过科研反哺教学的方式,引进行业或企业最新技术标准或培训课程,采用课证结合的方式组织教学。2016—2017 年,遴选了 2 批应用型示范专业,从发展性和水平性两个维度强化论证与年度考核,每专业给予每年 10 万～15 万元的经费奖补。

第三,持续深化研究性教学方法改革。学校从 2005 年开始持续推进课程教学改革,"系统化学习任务驱动的研究性教学改革探索与实践"成果获得国家教学成果奖二等奖。秉持"以问题化、项目型的研究任务驱动学习,把质疑精神、批判性思维和综合能力培养落实到每一个课堂"的改革理念,重构教学内容,围绕能力培养为目标,基于问题、任务、项目重构课程教学内容,设计构建立体化学习资源;创新教学组织方式,强化学生基于任务、项目的自主研学;改革教学评价机制,构建能力导向、过程激励的学习评价机制;探索信息化背景下研究型教学模式,大力推进混合式教学、BOPPPS 有效教学设计、对分课堂等多种形式的研究型教学改革。目前已开设基于 MOODLE 平台的研究性教学课程 812 门,覆盖全校 86.20％的课程。

第四,深度融合创新创业教育与专业教育。全面修订人才培养方案,确立了"以专业教学为基本途径、创新意识教育为先导、创业知识教育为基础、创业技能训练为重点""一年级启蒙课程、二年级知识课程、三年级实训课程、四年级实战课程"的"四年一贯制,四个层次相衔接,四类元素有机融合"的创业教育课程体系。在港口经济、电子商务、文化创意等重点领域基本形成创新创业课程的校本特色和地域特色,学生实践活动、社会活动学分化管理,构建起第一课堂、第二课堂紧密融合的创新创业课程群,实现学生全覆盖。探索"教育创新班"和"创业实验班"个性化培养机制,形成鲜明的万里创新创业教育特色。2009 年,学校组建处级建制、实体运作的创新创业学院,系统梳理了创业成果和学分转化、创业资助与奖励以及自主学习与弹性学制等 12 个创新创业系列管理制度。

第五,培育高水平应用型师资队伍。围绕双向多元师资队伍建设目标,建立灵活多样的弹性用人机制,由重资格评审机制向重岗位聘任机制转变,强化任务导向的聘用机制,吸纳海内外优秀人才、行业专家参与课程教学团队和项目研究团队;构建应用导向的能力提升机制,以项目为驱动,推行青年教师企业锻炼制,修订人事管理制度,着力解决教师挂职经费保障和相关待遇问题;实行分类管理的评价机制,从单一的学术标准向多元化的适用标准转变,将应用能力和实践经历与教学科研和学历学位视为同等重要条件,修订分类指导的教师评价标准,推进分类分层评价;完善优绩优酬、优评优聘激励机制,建立二级自主分配的绩效分配机制,着力解决兼职教师进校经费保障和相关待遇问题;构建重在促进的发展机制,采用"自下而上"的模式,为教师"量身制作"设计发展项目,形成个性化、层次化、模块化的培训内容以及多样化的培训方式。

2.产教融合工程

第一,汇聚创新要素,构筑国家级产教融合示范引领平台。聚焦人才培养,构筑集成性平台,打造产教深度融合品牌项目。入选"科学工作能力提升计划(百千万工程)"首批试点院校,以"科学工作能力实训示范基地"为载体,深化教学改革,创新培养模式,完善产教融合的教育体系,推进应用型文科人才培养改革。签约"高校数字媒体产教融合创新应用示范基地"项目,与凤凰卫视集团·凤凰教育联合建设,投入2000万元经费,引入国际、国内优质行业生态资源,打造数字媒体生态资源协同创新育人平台、数字媒体专业人才联合培养中心、大学生创新创业孵化中心、高校数字媒体产业园区"四位一体"的数字媒体生态体系,建设具有行业竞争力和宁波地域特色的数字媒体产业生态圈,服务宁波及周边区域数字创意产业的发展。

第二,创建行业特色学院,构建对接产业运行机制。围绕海洋新兴产业、互联网金融经贸产业、新一代信息技术产业、现代农业产业、创意设计产业等五大产业链转型升级,与行业先进企业合作,整合学校和企业两种不同的教育资源,强化院院协同、校企协同,多学科协同服务产业发展,与口岸办等共建跨境电商学院、与宁波市宣传部共建新闻学院、与网易传媒共建网易直播学院、与华为共建华为学院等,建立了物流与电子商务宁波市特色学院。进一步完善产科教融合机制,组建行业教育教学指导委员会,将执业标准融入教学过程;完善实习实训规范标准体系建设,将实习实训与教学任务载体紧密结合;做实做强兼职教师制度,引导并鼓励教师申请横向服务项目。

第三,组建跨专业行业特色班,推进复合型人才培养。依据产业链对应岗位的核心能力和关键素质要求,按照企业标准、行业规范组建"电商中高端人才特色班"等32个定向培养特色班。学校为交叉、复合、个性培养提供平台和保障,为学生提供院内跨专业复合、院际跨专业选修、辅修专业、"2.5＋1.5"跨专业特色班、"3＋1"创业学院等多样化选择,出台《浙江万里学院跨专业应用型人才特色班管理办法(试行)》等文件,对毕业审核、教学管理、质量管理等作了明确规定,建立了长效发展的运行机制。

3.科教融合工程

第一,制度保障,推进科教融合真正落地。在《浙江万里学院二级学院科研业绩评价办法指导意见》文件中,科研为人才培养服务占比30%,其中科研服务于本科生素质提升占10%,本科生参与各级各类科研项目占10%,本科生参与科研成果占10%。学校把学生参与教师科研项目、发表科研论文和艺术创作、获取专利和软件著作权以及学生各类学科竞赛和创新创业项目、素质拓展项目与教师科研项目的结合情况等纳入二级学院科研业绩考核并与生均拨款额度挂钩,引导二级学院强化科研为人才培养服务的意识,并投入专项经费支持各二级学院实施以科研促进教学的举措。2015—2016学年,全校本科生参与科研项目并发表论文128篇,获得实用新型专利等103项,参加各类创新项目及教师科研项目367项。

第二,加大投入,创新科研成果转化利用机制。根据《浙江万里教育集团产学研工作指导性意见》,依托集团下属的宁波市万诺投资有限公司1亿元风投专项资金支持,实行市场化规范运作,推动师生创新创业,推进科技型公司、创意型公司创建,大力促进科技成果转化为现实生产力,为提升应用型人才培养质量与水平提供课题、项目支撑。《中国教育报》以《做经济转型产业升级"助推器"》为题,对学校推进科教融合、产教融合培养创新创业人才的改革经验进行了全方位的系统报道。

4.国际化提升工程

拓宽国际合作,构建多种形式的国际化育人模式。学校物流管理专业作为浙江省唯一的物流管理国际化专业,与美国纽约州立大学普拉茨堡分校开展"2＋2"双学位项目,与英国索尔福德大学联合承担了"英国首相行动计划Ⅱ"项目,与英国索尔福德大学等20多所境外大学签订了人才培养合作协议。外语学院与捷克克拉洛韦大学合作,首次以"订单式培养"模式培养小语种应用型人才。与宁波诺丁汉大学合作开展本硕立交桥项目,学校学生英语语言成绩合格,其他条件符合申请专业要求的,则直接录取为宁波诺丁汉大学硕士研究生。

5.体制机制创新工程

深化二级管理,激发实体学院活力。学校在应用型高校建设的实践中探索两级管理模式,创新治理机制,释放基层办学活力,实现体制机制突破。强化办学自主权,建立以制度激励为核心的学院治理体系,实现决策机制前移、监督机制上移和负面清单管理的二级管理机制。深化内部管理机制创新,一是改革财务管理和经费使用制度,按一定的标准整体打包下拨学院经费;二是改革人事管理和教师发展制度,下放试点学院机构设置权、用人自主权、薪酬核定权,改变身份管理的封闭式教师管理模式,促进校企两种资源的合理配置和开发利用;三是创新教学业绩考核评价制度,强化对二级学院的考核评价,突出人才培养和育人业绩评价,人才培养考核权重为80%,评价结果与二级学院的奖励挂钩,也是学院领导班子评价的重要依据。这为各二级学院主动作为、特色发展创设了良好的制度环境,为二级学院注入人才培养的内生动力,促进了院系融通和内外合作,形成了学生乐学、教师乐教的可喜局面。

(二)阶段性成效

1.人才培养成效显著

第一,在校生创新创业能力不断提升。近3年,学生参加学科竞赛获得国家级奖项236项、省级奖项935项。学科竞赛参加人数从年均7871人次显著提升到年均12687人次;获奖人数从年均3657人次提升到6785人次。学生发表论文和申领专利规模逐年攀升,从975人次上升到1239人次。毕业生创业能力明显增强。应届毕业生创业率从2002年不足0.1%提升到近3年5%以上,高出全国平均水平3个百分点;专业技术型创业从21%上升到46%,彰显了创新创业互融互促改革成效。

第二,毕业生职业发展态势强劲。浙江省教育评估院调查数据显示,学校用人单位满意度连续3年稳居全省前列,并呈增长趋势。2016年,学校用人单位满意度在全省19所教学为主型本科院校中排名第7。毕业后3年的调查数据显示,学校毕业生发展后劲显著增强,就业率 97.18%、创业率 8.05%、平均工资水平 5137.17 元/月,明显高出全省同类高校。

2.社会服务能力提升

第一,建成了区域特色鲜明与创新成果显著的优势学科和平台。学校拥有 1 个省"重中之重"学科、4 个省级重点学科、7 个市级重点学科,生物工程学科列入"十三五"省一流学科 A 类,管理科学与工程、应用经济学、信息与通信工程、计算机科学与技术等 4 个学科列入"十三五"省一流学科 B 类;18 个高水平科研创新平台(其中 2 个为国家级);1 个农业部产业技术体系岗位科学家团队、2 个省高校创新团队、5 个市级科技创新团队;2 个技术创新联盟。近 3 年承担国家级项目 42 项、省部级项目 236 项、横向项目 279 项,包括主持承担 1000 万元的海洋领域公益性行业科研专项项目,创造经济效益近 10 亿元。

第二,打造行业技术创新联盟,实现科技成果产业化。牵头组建了宁波市食品加工产业技术创新战略联盟、宁波汽车及零部件产业技术创新联盟,入选国家级渔业科技创新联盟。建有浙江省水产种质资源高效利用技术研究重点实验室等 23 个省市级重点实验室和协同创新中心以及 8 个农业部产业技术体系岗位科学家等高水平科技创新团队。其中宁波市食品加工产业技术创新战略联盟不仅承担了 20 余项国家级项目以及 100 多项省、市、局级项目,同时承担了本领域企事业单位委托的各类项目 30 多个,解决了许多企业的难题。组派 17 个特派员团队在浙江省 11 个区(市、县)开展科技支农活动,与企业合作开发的产品应用新增产值 1 亿多元,产生了显著的社会经济和生态环境效益,1 人被农业农村部聘为岗位科学家,1 人获得"全国先进科技特派员"称号、1 人获得省级"功勋特派员"称号,学校获评"浙江省帮扶促调先进单位""宁波市科技特派员工作先进单位"以及"国家级科技特派员创业培训基地"和"浙江省科技特派员示范基地"。

3.创业教育特色鲜明

第一,形成了创业实践实战训练的完整生态圈。学校建有 134 个全天候开放的创新创业工作室,12 个学院均建有协同创新创业中心,学校还设有宁波市大学生示范创业园、宁波青年创业学院、大学生创业园、宁波市大学生就业创业服务站、宁波市创业女性培训基地,与维科集团等 16 家龙头企业共建青年就业创业见习基地。2016 年,"万里笃创"入选国家级众创空间,纳入国家级科技企业孵化器管理服务体系。

第二,构建了实务导向的校内外创业导师。在原有 12 名创新创业专职教师和 35 名 KAB 创业教育(中国)项目讲师的基础上,新增 143 名由企业家、政府相关部门人士、行业协会负责人等具有丰富实践经验的校外创新创业导师组成的队伍,实现了对每个创业团队实施多对一的创业辅导。形成了校政企多元化融资格局,学校设立的"大学生科研基金""大学生创新创业基金""毕业生创新创业奖学金",合计投入经费 1596.55 万元,支持项目 1822 个,39500 余名学生受益。依托产学研一体化平台,中国建设银行、中国移动宁波分公司等 5 家企业注入"浙江万里学院创新创业基金"960 万元,罗蒙集团等 9 家企业投入宁波青年创业学院 5000 万元,政府资助大学生创新创业培训与基地建设 710 多万元,校友主动回馈母校,"校友创新创业专项基金"已达 130 多万元,形成了学校主导、政府支持、企业注入、校友资助的多渠道筹措机制。2017 年,学校入选"浙江省深化创新创业教育改革示范高校"。

第四节　地方高水平应用型大学建设的必由之路:产科教融合

一、政策背景

产科教融合的理念扩展为我国整个教育界的办学理念,有其演变脉络。梳理近年发布的政策文件,可窥见其端倪。

2010 年,国家发布《国家中长期教育改革和发展规划纲要(2010—2020年)》,提出了"优化结构,办出特色"的任务,高等教育重点是必须适应国家和区域经济社会发展的要求,扩大应用型人才的培养规模。该文件是 21 世纪我国第一个中长期教育改革和发展规划,是之后一个时期指导全国教育改革和发展的纲领性文件。

2015 年,国家出台《关于引导部分地方普通本科高校向应用型转变的指导意见》,为各地相关高校指明了应用型转变的方向,明确了应用型高校的定位,即将办学思路转到服务地方经济社会发展、产科教融合、校企合作、培养应用型技术技能型人才和增强学生就业创业能力上来,全面提高学校服务区域经济社会发展和创新驱动发展的能力。该文件制定的背景是我国已经建成了世界上最大规模的高等教育体系,高等教育进入了大众化阶段并向普及化发展,但高等教育结构性矛盾突出,同质化倾向严重。一些本科院校在办学定位和办学思路上脱离国家和地方经济社会发展需要,专业设置、课程教材、人才培养结构和培养模式同产业发展实际、生产和创新实践脱节,办学封闭化倾向突出,有些甚至出现了就业难、招生难并存的现象。该文件的基本思路包括顶层设计和综合改革、需求导向和服务地方、试点先行和示范引领、省级统筹和协同推进。其中提到试点示范,就是要让有条件、有意愿的高校率先探索应用型发展模式,积累高校加快应用型转型经验。

2017年,国务院出台《深化产科教融合的若干意见》,进一步坚定了走产科教融合的发展道路,强调深化职业教育、高等教育改革,发挥企业重要主体作用,促进人才培养供给侧和产业需求侧结构要素融合,培养高素质创新人才和技术技能人才。该文件首次构建了政府、企业、学校、社会组织"四位一体"的产科教融合体系架构,进一步完善了我国产科教融合的国家顶层设计。政府从整体上统筹产科教融合发展格局,系统规划实施方案,承担着整体规划、资源配置、宏观调控等职能。从地方层面来讲,各省相应出台了深化产科教融合的相关意见。浙江省作为经济发展强省,对应用型人才需求迫切,因此也出台了一些政策。在国家出台的《试点建设首批国家产教融合型城市的省、自治区、直辖市和计划单列市范围》中,浙江省被列入国家深化产教融合试点省份,宁波市被列入试点城市。浙江省先后出台了《关于深化产教融合的实施意见》和《浙江省产教融合"五个一批"实施方案》,根据区域教育和社会经济发展的要求,提出培育产教融合联盟、创建集聚全省高素质人才和高新技术产业的产教融合示范基地,建成产教深度融合实验实习实训基地等一系列目标和举措。

2019年,中共中央、国务院发布《中国教育现代化2035》,作为我国教育中长期规划,文件指明要延续地方本科高校转型和"产科教用深度融合"的基本思想,这也坚定了地方本科高校走应用型发展道路的信心。该规划进一步强调了引导高校科学定位、特色发展,推动地方本科高校转型发展,加强高校创新体系建设,探索构建"产科教用深度融合"的创新联盟,使我国高等教育竞争力明显提升,高校创新服务水平明显提升。

二、理论依据

19 世纪前后,大学与产业这两个几乎相互平行的系统开始走向结合,大学不断以其创造的新知识为现代产业奠定理论基础,成为引领工业革命的灯塔。而到今天,产业对知识尤其是应用性知识和技术日益增长的需求,使得在大学之外衍生出大量知识生产场所,诸如企业研发部门、咨询公司、政府研究机构等知识生产机构,从事密集性知识生产活动,并生产出应用性知识和技术以及基础性知识,大学不再是知识生产体系中的垄断者。作为承载知识生产模式、运行机制的组织,大学的学术取向、学科组织架构、科研模式、评价方式等发生着重要变革,以适应新的知识生产方式的要求。新时代的产科教融合,已经有着不同的内在机理,需要我们重新认识、重新挖掘。

(一)大学与企业是知识生产的合作者

一方面,知识生产体系的社会弥散性使大学知识中心权威地位削弱。知识是经济发展的驱动力和生产要素,而知识的再生性——知识在转移、传播、应用过程中能创生新的知识,使得知识不仅成为企业竞争的关键要素,也成为资本竞逐对象。社会对知识尤其是应用性知识和技术日益增长的需求,使得在大学之外衍生出大量知识生产场所和知识生产活动,诸如政府研究机构、企业研发部门、咨询公司等知识生产机构,弥散在社会各个场域从事密集性知识生产活动,并生产出高质量的新知识和新技术,逐步削弱大学作为知识中心的权威地位。大学不再居于知识生产体系的中心地位,也不再是社会知识的垄断性供应者,这种现象已生成并有日益延展的趋势。诸如微软、谷歌、华为等具有经济实力和人力资源优势的企业不仅建有技术研发部门,也开展基础性研究。未来,非大学类知识生产机构将吸纳更大规模的研究生或成熟的研究人才进行密集性知识生产活动,它们不仅有极大的可能性在应用型知识和技术方面超过大学,而且在基础性知识的生产方面亦将有比肩大学的可能性。这一系列现象或趋势,有可能削弱大学在社会知识生产体系中的中心地位。

另一方面,大学与产业的边界渗透性使大学学科边界日益消融。知识生产从传统的学院式转向社会弥散式,知识生产体系的边界向外扩延,形成一个规模更庞大、角色更多元、联系更紧密的社会性知识生产体系。应用价值导向的知识生产目标,知识生产场所的分化,知识生产的异质性,要求知识生产组织由相对独立和自我封闭走向开放和融合,产业与教育、学校与企业、教学与生产的边界不断趋向模糊和相互渗透。传统的学术研究是学科导向的,而知识生产新模式注重问题导向,是在应用情境中实施的,问题的选择和解决围绕着特定的应用背景展开,知识生产的目的不仅是推进知识的进步,更是解决具有经济和社会目标的科学问题。以应用逻辑驱动的知识生产模式强调面向应用情境解决现实问题,而现实问题常常超越学科边界,具有跨学科性,需要不同学科专家协同进行知识生产。在现代科学领域,新的知识生长点越来越多地出现在学科交叉之处。在大学内部,创新性的科研已超越自然科学、社会科学及人文学科的知识探寻,超越了院、系、科的边界,这增强了不同类型的知识在大学内部的流动。

(二)大学与企业之间双向知识流动

高等教育的大众化与普及化以及信息技术革命等现代社会的多重特性,使知识生产模式逐渐从传统的学术范式向新兴的应用范式转型。传统的学术范式倾向于生产一般性知识并且缺乏市场敏锐性,但在新知识生产体系下,学术需要感应市场,而且学术本身就是市场的一部分。[①] 知识不仅是经济发展的驱动力和生产要素,而且成为企业竞争的关键要素,也成为资本竞逐的对象。[②] 在利益追求上,知识生产兼顾经济利益与公共利益;在资源配置上,知识生产采用市场和计划两种手段,从而实现了知识生产互补。[③]

高校和企业既是知识供应方,也是知识需求方。作为一种可转移生产要素,知识在生产各部门之间的有效流动,生产出高附加值产品;而知识又以其可再生性,在教学过程中开发、转移、传播,实现知识共享与创造,为产业转型升级提供适切性人力资源。如图 1-2 所示,一方面,高校把在科学研究中发现的对产业和社会发展有益的新技术、新性能、新工艺、新原理、新方法加以应

---

① Rooij,A. University knowledge production and innovation:Getting a grip[J]. Minerva A Review of Science Learning & Policy,2014,52(2):263-272.

② 张乐.知识生产模式转型驱动下研究型大学改革路径研究[J].高等教育管理,2019(5):16-24,66.

③ 张国昌,胡赤弟.知识生产方式变迁下的产业—教学—科研—学习连结体的组织特征[J].高等教育研究,2012(11):27-31.

用,输出给企业;企业在获取知识后,选择其所需知识,在组织内部生成新的知识并内化为组织的知识资源,再由员工把新知识应用到生产过程中,知识由此外化成具有市场竞争力的新产品、新工艺并能提供新服务。另一方面,在企业面向实践应用的研究中,工程师结合原有的知识把生产实践中的技术经验内化为新知识,并把隐性知识写成教学案例,转变成新形态教材,使师生能够学习与利用产业前沿知识。

图1-2 大学与企业之间的双向知识流动

综上,知识生产场所的分化,知识神经末梢的增加,要求大学对内和对外做出调整。大学应以悦纳的姿态,从知识垄断者变成知识生产的合作者。大学对外要与政府、企业、研究机构等合作,组建知识联盟,在紧密合作的过程中,提高知识生产能力,同时提升社会影响力,维持知识生产的中心地位。大学内部要调整知识管理体系,打造跨学科平台和专业集群,组建多主体知识生产者,课程内容强调知识的应用性和创新性,培养受过制度化、规范化、系统性研究训练的未来知识生产者,解决人才培养供给侧和产业需求侧的重大结构性矛盾。由此,深化产科教融合是知识生产新模式下大学教育改革的必由之路。

第二章　产科教融合的新策略

第一节　产科教融合的内涵与主体

一、产科教融合的内涵

"产"即产业，"科"即科研，"教"即教学，"产科教融合"即是融合产业、科研、教学三者优势共同开展工作的一种方式。这一理念最早以"科教融合""产教融合"等形式被分别提出。

2011 年，胡锦涛在清华大学建校一百周年大会的讲话中提出，全面提高高等教育质量，必须大力增强高校的科学研究能力，用高水平的科学研究支撑高水平的高等教育。这是科教融合发展理念的最初阐释，教育界随后对科教融合展开广泛讨论。周光礼等认为，从科教分立到科教融合，是高等教育哲学的变革，已成为世界高等教育变革与转型的共同信念；是一种以学生为中心的教育理念，基于人的求知本性和自由本性，通过自我实现最终发觉人的创造本性；是全面提高中国高等教育质量的必由之路和建设高等教育强国的现实选择。[①] 钟秉林认为，一所大学的科研质量、科研实力和学术地位决定了这所学校在创新型人才培养方面的优势和特色；大学要推进科教融合，将科学研究真正融入大学人才培养体系当中，增强高校人才培养与科学研究的协同与互动，使科研资源转化为优质教学资源，这既是科教融合培育人才的难点所在，也是关键所在。[②]

"产教融合"最早是作为职业教育的办学理念被提出的。2015 年召开的全国教育工作会议部署，推进地方本科院校转型发展，深化高等学校创新创业教育改革，产教融合成为我国高等教育分类发展、内涵发展、转型发展和合作发展的基本方式。2017 年发布的《国务院办公厅关于深化产教融合的若干

---

① 周光礼，马海泉.科教融合：高等教育理念的变革与创新[J].中国高教研究，2012(8):15-23.

② 马海泉，任焕霞.科教融合与全面提高高等教育质量：北京师范大学校长钟秉林访谈录[J].中国高校科技，2012(5):4-6,11.

意见》进一步提出，深化产教融合对新形势下全面提高教育质量、扩大就业创业、推进经济转型升级、培育经济发展新动能具有重要意义。产教融合不仅要融入基础教育，还要在职业教育、行业培训和高等教育中贯彻，并将其列为高等教育培养创新人才的重要方式，强调企业的重要主体作用，在人才培养改革、产教供需对接以及政策支持体系等方面提出规范要求，对重点任务进行了明确分工。在教育界的讨论中，柳友荣等从应用型高校建设的角度对产教融合进行了论述。他们认为，产教融合是实现应用型本科院校自我发展及服务地方经济发展的重要途径，包括产教融合研发、产教融合共建、项目牵引、人才培养与交流等4种模式，其影响因素包括个体内部因素、双方耦合因素以及外部环境因素等。① 曹丹认为，高校和企业是产教融合的双主体，只有二者之间组成一个休戚相关的利益共同体，才能真正实现产教融合。②

在政府、高校和科研院所、企业等的合力推动下，产科教融合已初见成效，但在全球科技竞争的大背景下，产科教融合又不断被赋予新的内涵和使命。高校产科教融合的内涵由高校定位决定，并受政府政策和社会经济的人才需求影响。高校定位中，基于学生培养层次之别而有研究型、应用型高校和高职院校；政府政策具有导向作用，根据社会发展状况、经济需求而予以阶段性的引导；社会经济的人才需求则会影响到高校的学科专业设置。对地方本科应用型高校而言，需要主动围绕区域经济发展和产业转型升级，面向市场需求，以产科教深度融合为导向，以培养能投身行业生产一线，适应产业转型升级的应用技术人才和适应文化建设、社会建设和公共服务发展新需要的复合型、应用型人才为目标，将学校的办学、管理和人才培养等环节融合于产业链、公共服务链和价值创造链。地方本科应用型高校作为人才培养、科学研究、社会服务和文化传承创新四大职能的承担者，肩负着服务地方社会发展的重大使命，这构成了其内涵的主要内容。

---

① 柳友荣，项桂娥，王剑程.应用型本科院校产教融合模式及其影响因素研究[J].中国高教研究，2015(5)：64-68.

② 曹丹.从"校企合作"到"产教融合"：应用型本科高校推进产教深度融合的困惑与思考[J].天中学刊，2015(1)：133-138.

二、产科教融合的主体

现代社会,知识日益以科学研究为基础,创新日益以组织或机构范围间的协作与合作为特征,因此,创新活动更加需要大学、政府和企业三方的共同参与协作。

高校是产科教融合最基本、最核心的主体,因为高校不仅是知识传播的重要场所和创新人才培养的重要主体,还是技术革新、原始创新成果的重要来源。事实上,产、科、教三者之间是一种共生共荣的依赖关系,即所谓"三重螺旋",互为源与流,因此融合成为关键点。从融合的角度看,高校产科教融合的主体可以分外部主体和内部主体。外部主体有代表行业和产业的企业主体、政府主体和参与科研协同的科研主体,以及高校本身;内部主体主要分两类,即内部的二级学院以及与外部主体联合组建的新型产科教融合机构。

从外部主体看,地方高校是区域人才高地、科技高地、服务高地,既是应用技术人才培养的主体,也是应用技术研发与推广的主体,更是社会服务的主体。地方高校处于区域产科教融合发展链条中的上游,属于人才、技术、服务的供给方或输出方。高校要根据产科教融合内涵开展工作,对内做好定位和战略引导,做好体制机制的建设,做好二级学院的管理,对外做好沟通协调。企业主体是人才链中的下游,是应用技术人才发挥经济作用的场所,也是最大受益者。企业处于生产第一线,对技术创新和应用人才需求迫切,因此通过与高校融合,能够向高校提供最新需求,指导高校的人才培养工作和应用型研究。此外,企业也能够提供必要的资金,支持高校开展产科教融合工作。政府主体主要通过政策供给引导产科教融合。在具体的产科教融合工作中,多方主体的参与使此项工作具有复杂性,政府在其中的引导和信用背书,能够推动项目的实施。从内部主体看,产科教融合中的学校二级机构,往往是落实内涵发展的工作主体,能否调动二级学院的主观能动性,将决定产科教融合工作的效益。

第二节　地方应用型高校产科教融合的模式

　　地方应用型高校产科教融合具有地方性、应用性和协作性等特点。地方性体现在：围绕地方经济社会发展需要，以服务地方需求为主线来确定产科教融合的发展目标。坚持体现地方性特色，实现与区域经济社会的协调发展，努力培养地方急需的各类人才，开展促进地方产业发展的科技创新，全方位为地方发展做好教育服务、咨政服务、科技服务、文化服务和信息服务，真正成为地方经济社会发展的不竭动力。应用性表现在：建设应用型高校学科专业、培养应用型人才和提供应用型科研服务。应用型学科专业建设就是紧跟地方产业需求动态，及时调整学科专业的设置；应用型人才培养就是主动适应本区域对高素质应用型人才的需求，培养技术应用型、创新应用型、知识应用型和管理应用型的本科层次人才；应用型科研服务就是围绕本区域社会经济发展和产业转型升级的痛点，主动对接服务，创新引领地方发展。协作性是产科教融合有效开展的保障。从产科教融合的主体来分析，各个外部主体立场不同、职责不同、利益诉求不同，但根本的目标是相同的，就是发展教育、培养人才和技术升级。各个主体间的语言体系也不同，在融合过程中难免会因沟通问题影响工作进度，因此高效协作十分必要。

一、地方应用型高校产科教融合一体化实施模式

　　围绕产科教融合，地方应用型高校的内涵式发展需要考虑以下方面：一是明确学校定位和特色，即应用型地方本科高校，培养应用型人才，服务地方。二是"双师双能型"教师队伍建设，建立健全学校的引才体系和制度保障，完善本土人才培养和提升的通道，人才评价和激励体系的设计中要注重教师的实践能力。三是学科专业建设。在传统高校学科建设要求的基础上，要特别突出根据地方产业设置学科专业，并且学生培养计划要符合应用型定位。四是科研建设。应用型高校的科研工作区别于研究型大学，其要根据自身学科优势结合地方产业，做应用性技术研究。五是条件保障。不仅包括传统高校的硬件保障，更要根据学校产科教融合整体战略进行相应的建设。六

是管理水平。产科教融合涉及校院之间的上下级管理,因此要灵活设计管理制度;产科教融合还涉及企业和政府等合作方,这就要求高校具备开放性的思维和较强的沟通协调能力。七是学校党建和思政工作。它是学校开展一切工作的根基。

地方应用型高校产科教融合的一般路径如下:一是开展"四技"服务。主要包括技术开发、技术转让、技术咨询、技术服务(含技术培训、技术中介)四类服务。二是产学研联盟。高校与地方或行业主管部门以及企业建立产学研联盟,对各类产学研资源进行统筹、共享、匹配。三是共建创新平台。高校依托现有科教资源,与企业或地方政府建立联合实验室/工程中心、实习实训基地、产业学院与产业研究院、中试与产业化基地、产业科技园等。四是衍生公司。高校利用自身积淀的行业特色技术成果,以及衍生出的其他高技术成果,依托投资机构,创办高技术企业。五是人员交流。高校和政府、企业安排人员到对方单位兼职、挂职,开展良性的互动交流(见图 2-1)。

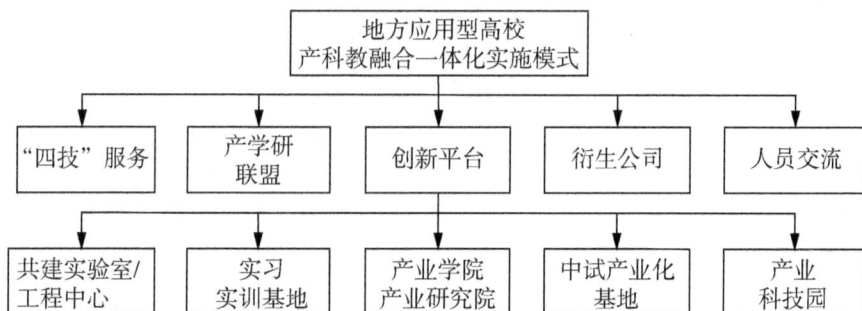

图 2-1 地方应用型高校产科教融合一体化实施模式

二、地方应用型高校产科教融合新型一体化模式

产科教融合是我国推动教育综合改革的一项重要制度安排。国家层面围绕产教融合出台了一系列政策文件,从引导高校内部转型发展到从企业端发力,培育产教融合型企业、行业和城市建设试点。地方政府因地制宜地把国家政策意图转变为具体政策行动,从政策体系、规划指导、经费投入、平台搭建、中介设立、条件保障、监督管理等方面,保证国家政策的落地生根。地方应用型高校在政策牵引和支持下先行先试,在实践中逐渐形成了符合区域经济发展的产科教融合典型模式。本书对几种模式进行系统性总结,以期为地方应用型高校产科教融合工作提供借鉴。

1. 以联盟化搭建产科教融合链条

产教融合联盟是地方政府根据区域重点产业打造和战略性新兴产业培育,选取对应产业链中核心学科专业、技术研发和社会服务能力强的高校、科研机构,联合产业链中的行业龙头企业、职业学校、其他高校共同组建,带动中小企业参与,由行业主管部门指导,推行实体化运作,在人才培养、师资队伍、课程设置、实践教学、技术研发等方面形成协同共建、成果共享、创新共赢的产教融合组织载体。此类联盟是打通学科链、专业链、产业链的有效载体,具有两个显著特征:一是"强政府"特性。地方政府同步规划产科教融合与经济社会发展,以区域产业集群发展为需求,推动科技创新与产业结构的优化升级,给予"金融+财政+土地+信用"的组合式激励,通过投入性政策措施为产科教融合联盟提供先行动力,促进人才培养供给侧和产业需求侧结构要素全方位融合。二是"链条式"特征。对接政府战略需求的产业链,形成一定数量的具有内在关联性的学科专业链,快速聚集教育与产业要素和资源,形成学科专业建设合力,确定前瞻性研发方向,提高人才培养的针对性和有效性。

2. 以混合制推动共建共享

混合所有制二级学院是在地方政府主导下,企业以资本、技术、知识等要素依法参与高校内部二级学院合作办学并享有相应权利和义务。此类二级学院试点,具有三个显著特征:一是投资主体多元化。不同属性、不同来源的产权主体通过合资合作、参股控股等方式,在高校二级学院内部实现投资主体多元化和产权配置结构化。投资主体通常采用合同契约形式,明确多方产权关系和利益分配办法,实现"存量共享、增量分享"。二是实行现代法人治理结构。在治理结构上实行"三会一理制度"(即股东大会、董事会或理事会、监事会和经理),其中,董事会(理事会)享有决策权,监事会享有监督权,经理享有执行权,各方权利、义务由章程予以明确,实施协同办学。三是享有更多办学自主权。混合所有制二级学院作为学校的办学"特区",在人、财、物、事等方面享有充分的办学自主权,允许自主设置内部组织机构和配备人员,自主选聘教职员工,确定内部收入分配机制,激发办学活力。针对在校编制内的教师和独立法人实体聘用的专职从教人员,实行"一院两制"人事管理体制。

3.以"双院制"实现融合共生

"双院制"模式是"实体专业学院＋融合型产业学院"融合共生的模式。该模式具有三个显著特征：一是以实体专业学院为依托。产业学院的学科专业设置、理论型教师、基础课程教学与实验室、教学管理与质量保障等都依托专业学院，以二次招生的形式，组建订单班或特色班。行业企业提供实务导师承担专业技能培养、实训实习、毕业设计等教学任务。二是产业学院融合式发展。产业学院执行院长由专业学院相关领导担任，产业学院除教学外的其他日常职能与专业学院合署，其发展及考核也纳入专业学院规划范围。三是实行理事会（董事会）管理模式。构建专业学院和产业学院联动机制，实行理事会领导下的院长负责制，促进产业学院有序规范发展。

4.以研究院推动成果转化

产业技术研究院由地方政府牵头，引导高校、科研院所、龙头企业与地方重点发展产业结合。产业技术研究院具有三个显著特征：一是政府扮演多重角色。政府是引导者、资助者、监督者、评估者和消费者，政府引导研发方向选择、研发战略制定，提供资金、设备、土地和房屋，定期开展绩效评估，同时作为技术和服务的购买者，提供纵向科研经费支持等。二是产科教协同。汇聚科研院所、高校和企业、投资机构和科技中介等各方资源开展协同创新，促进学科前沿技术发展、产业变革与创新创业教育深度融合，及时把最新科研成果转化为教学内容，指导学生参与学科最前沿、原创性实验实践活动，培养适应与引领产业发展的创新型人才。三是具有独立法人资格。实行理事会决策制和院长、所长、总经理负责制，根据法律法规和出资方协议制定章程，拥有独立经营管理权和人事管理权，依照章程管理与运行。

5.以"三园"融合构筑产教高地

"三园"融合是指"校园＋研发园＋产业园"的模式。该模式具有三个特征：一是区域良性互动。高校与所在区域内的技术研发中心、龙头企业形成创新网络，构成稳定的联结，相互协作、相互进化，实行技术转让、委托研究、联合攻关、人才联合培养与人才交流。二是人才协同培养。充分发挥产业园区的科研机构和龙头企业各自在人才培养方面的比较优势，共享科研设备实施、专家学者、前沿知识技术等资源，协同培养应用型、创新型人才。三是实现"研转创"。推动高校科技成果转化,实现商品化、产业化,激发高校师生的创新活力和创业热情,提高知识生产能力。

第三节　地方应用型高校产科教融合的困境

产科教融合是高校、企业与政府、行业、科研院所、社会中介围绕人才培养、技术研发、成果转化、就业创业等开展的教育与产业一体化互动发展过程。近年来,地方应用型高校办学思路慢慢转到服务地方经济和社会发展上来,积极探索产教融合的新路径、新方法,在传统"校企合作班""订单班"和实训实习基地的基础上升级,纷纷组建"行业(产业)学院"等新的产教融合组织形态,取得了一定的育人成果,但也面临诸多现实困境。

一、共识之困

第一,"识"之出发点不同。高校产科教融合的基本诉求是协同育人,要求企业做到"六协同":共同制定人才培养方案、共同建设课程内容、共同编写新形态教材、共同管理实践基地、共同指导创新创业、共同评价学习成果。而企业对育人不感兴趣,兴奋点在于新技术、新工艺、新产品研发,科技成果转化,提升企业市场竞争力和品牌影响力。

第二,"识"之角度各异。高校强调外部因素的惯性思维,认为只要国家出台"强制企业参与人才培养"的新法律政策,产科教融合的一切问题就能迎刃而解,就可以实现预期的理想效果。而企业希望地方政府给予育人经费必要补助,落实减免税收政策,对企业捐赠给高校的仪器设备和支付给实习生的报酬可以直接冲抵税收,并给予项目扶持等倾斜性政策。

二、共赢之困

第一,核心利益诉求不同。高校希望通过产科教融合获得办学及人才培养所需的仪器、设备、场地、资金、捐教,把新知识、新技术、新工艺、新标准及时引入课程,以及真实案例、企业文化要素等新资源,而企业希望获得政策支撑、声誉、人力、技术、成果转化、利润等相应资源。

第二,不同主体的本质属性各异。高校姓"知",本质属性是"知识属性",人才培养、科学研究、社会服务、文化传承都是知识不同的转化形式,根本目的是培养具有广泛社会适应性的复合型人才;企业姓"资",本质属性是"经济利益",创造新产品和获得人力资本,根本目的是追求利益最大化。高校把育人放在首位,而企业是"利"字当头,产科教融合过程中当两者利益发生冲突时,容易导致关系破裂。

三、共治之困

第一,利益分享机制不明确。地方应用型高校根植于科层管理的组织形态,采用自上而下垂直的行政化管理,对二级学院的人、财、事权下放不彻底,二级学院没有成为教学、科研、服务社会的真正实体;学校层面设立了产科教融合理事会,由不少于1/3的产业界代表组成,但理事会形同虚设。产科教融合真正落地是在二级学院,其要与企业结成利益共同体,但由于二级学院不是真正的办学实体,与企业签订的合作协议中存在比较模糊或宽泛的表述,没有明确规定或建立利益分享机制,这导致企业产科教融合动力不足。

第二,评价机制缺乏衔接性。高校学术成果评价机制仍看重"以知识生产知识"的知识生产方式,围绕产业中实际问题开展的应用研究被评价为"学术等级不高",因而难以与基础性研究具有同等评价权重。教师职称评审、人事聘任、绩效考核制度仍以论文、纵向课题、获奖项目为导向,未建立以产品或技术应用转化、社会服务贡献为导向的评价制度,导致教师主要精力不放在技术开发、科技成果转化、技术孵化转移推广上。产业界缺乏设立引导企业工程师、高级管理人员参与高校授课、讲座以及指导毕业设计的激励制度,往往变成了义务捐教,没有充分发挥市场在资源配置中的作用,也未明确成果转化奖励方案以及高校科研人员成果转化收益比例。

产科教融合是我国高等教育主动适应国家创新驱动发展和人才培养结构性改革的一项重要制度安排。国家层面为推进产科教融合作了系统性、整体性和协同性的战略部署,相继出台了一系列政策文件,从引导部分地方普通高校内部转型发展到培育、建设产科教融合型试点企业、行业、城市,从企业端发力到区域行业统筹,不断改善产科教融合的宏观环境。地方应用型高校应突破政策意图转化为融合行动的具体实践困境，以知识生产新模式视角把握产科教融合的内在机理，再探产科教融合的新路向。

第四节 地方应用型高校产科教融合的路向

基于产科教融合的内在机理，产科教融合正是基于政府、行业、企业、高校、科研院所、社会中介之间的多元参与、多边互动。而要深度融合，就必须创新知识联盟模式，实现教育链与产业链、人才链与创新链衔接，推动知识生产、知识传播向更高水平发展。

一、构建基于知识链的产科教融合组织载体

构建产科教融合组织载体，是产科教融合落地的重要基础，是组织之间知识流动、实现知识共享的重要路径。高校的知识是以学科、专业为纽带，开展教学、科研、学习等知识生产活动；产业的知识是以生产为纽带，开展设计、研发、生产、物流、市场营销、售后服务等知识生产活动。高校与产业之间知识生产活动的抽象体"生产—教学—科研—学习"（见图 2-2），是一个立体式、开放性、互补性、情境性的知识生产联结体。知识生产联结体"生产—教学—科研—学习"的形成过程，就是一个产与教之间知识输入与知识输出双链耦合、实现增值的过程，在不同领域可以探索重点不同的融合模式。在生物技术、人工智能、信息科技、高端制造等高新技术产业，知识生产迭代速度较快，需要不断突破关键性技术与核心工艺和增进新颖产品，可以探索"混合所有制"模式、以"产权＋资金"为纽带的运行模式等；针对艺术人文领域，可以探索"创作成果入股"等灵活运行模式。总体而言，应用型高校的人才培养、科学研究、社会服务都以产业需求为导向，学科、专业为产业链中的企业生产与创新提供相应的智力、知识和技术支持，催化产业升级与裂变，培育产业集群梯队，使地方产业具备持续成长的基础；产业为相应的学科、专业的发展提供新知识、新技术，输送实务导师，推动跨界与跨学科的学术研究、科技成果转化，培育发展新兴专业，参与培养高质量应用型人才，实现教育与产业双方迭代创新。

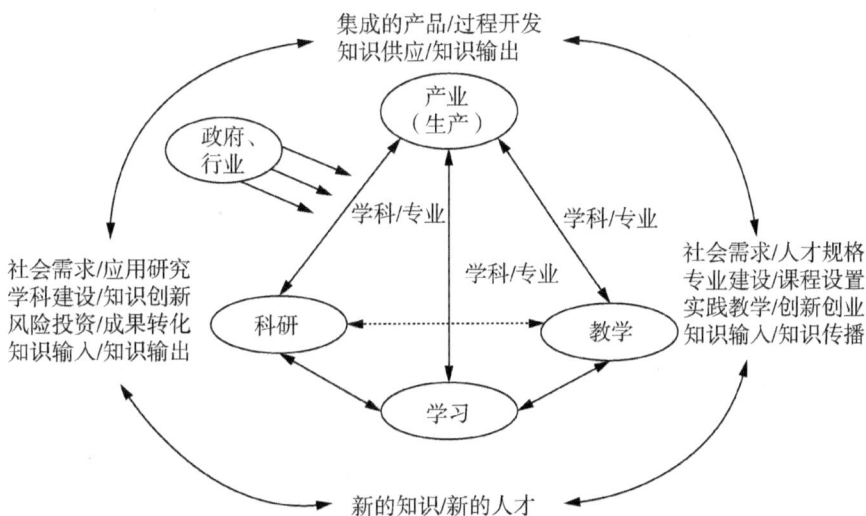

图 2-2　基于知识链的产科教融合组织载体

二、构建基于学科链—专业链—产业链的知识管理体系

构建学科链—专业链—产业链，建立知识的传导、互动机制，是高校突破内部"教学—科研—学习"闭合循环圈、实现与地方产业经济有效互动的必然路径。一要强化顶层设计。校级层面成立校地合作产业部门，做好顶层设计，发挥产科教融合整体性、系统性、集成性优势，以高校发展战略为指导，根植地方产业特征，调整优化学科专业结构，形成校地—产城融合发展互动机制。二要重建院系逻辑。改变按学科逻辑规划学科专业结构、组建院系的传统做法，撬动有利于学校优质创新要素集聚的杠杆，围绕区域主导产业、优势产业、传统产业整合学科专业资源，促进学科专业之间深层次、多元化交叉与融合，依链建院、以链成院，形成富有特色的专业集群。三要推进跨界融合。实现从传统学科知识生产者向解决现实应用情境问题知识创造者的转变，组建跨学科平台，从"学科为本"的知识体系逻辑向"问题导向"的驱动模式转变，围绕应用情境重大问题，攻克关键技术难题，突破产业提升瓶颈，实现技术发明、产业发展和创新人才培养的协同并进。

三、构建基于应用性知识生产的共生耦合创新团队

教师是知识生产者,是桥接产科教融合的主体,是推动产科教融合的支点。从产科教融合实践来看,教师团队的应用性研发能力和水平直接决定知识流动的规模和效率,从而影响产科教融合的合作深度和可持续性。为此,一要树立教师队伍建设新理念。师资引进不能唯学历、唯"帽子"、唯职称,要考虑教师的学科背景、知识和能力结构(与地方产业发展联系紧密),鼓励引进创新能力强、实践经验丰富、业务精良的业界工程师,新引进青年博士必须参加3~6个月的工程(社会)实践。二要形成教师发展政策新导向。高校要着力培养校内跨学科创新团队,明确主攻方向,鼓励教师尤其是青年教师长期深耕产业解决真实问题,并减少课时量,给他们腾出足够时间从事应用性研究,带领学生"真枪实弹"地研习,形塑学生工程实践专业技能。三要培育矩阵结构新团队。围绕产业发展的关键和共性技术问题布局研究方向与科研资源,组建多个跨界跨学科创新团队,由政策制定者、项目管理者、企业工程师、学科专家、其他高校教师、研究生等不同主体构成,开展知识创新、技术创新、管理创新等知识生产活动。创新团队要设计有利于知识共享和创新的激励机制,促进个人知识向组织知识的转化,培育成员之间的相互信任机制,建立交互学习机制,打造高水平应用性研究创新团队。

四、构建基于利益共同体的多元协商共治模式

地方应用型高校要从"管理"转向"治理",推进多元主体间多向度的合作,从科层制模式转向利益共同体多元协商共治模式。在市场体制下,高校与企业是独立的市场主体,产科教融合组织载体内部要设计激励相容制度,不同利益相关者共同参与和推动,追求整体利益或价值的最大化。随着产业的迭代升级,学科链—专业链—产业链必然会发生变化,会有新链的产生,也必然会有旧链的消亡,为了保证产科教融合系统正常新陈代谢,要在大学、政府、产业界、行业指导协会相关利益者之间建立有效的沟通、交流、协商机制。高校要按照应用逻辑建立适应多元开放、内部资源共享的组织结构,由大学、政府、行业指导协会以及产业界的代表共同组成,实现与政府、行业、企业等

内外部要素的协同联动,对重要事项和绩效进行评估,保障产科教融合的可持续性。在高校内部治理结构纵向层级关系上,压缩中间冗余层级,将管理中心有效下移,实现组织扁平化管理,从而落实二级学院办学主体地位,激活二级学院活力。变革学术成果评价机制,调整学术委员会人员结构,由大学、产业界、行业协会等的代表组成,对应用性研究和社会服务贡献作出认定,设计以产业需求为导向,应用研究、社会服务与基础研究具有同等评价权重的评价机制。

第三章 "双主体"产业学院的
路径探索

产教融合是高深知识转化为科学技术和社会生产力的重要路径,对提升国家核心竞争力具有重要作用。中央全面深化改革委员会第九次会议审议通过的《国家产教融合建设试点实施方案》要求"以制度创新为目标,平台建设为抓手,推动建立城市为节点、行业为支点、企业为重点的改革推进机制"。产教融合既是地方应用型本科高校满足市场需求、服务国家战略、适应社会发展的主要载体,又是地方应用型本科高校提高人才知识应用能力、提升人才培养质量的重要突破口。显然,改革高校治理运行机制,创新校企合作组织模式,建构产教融合生态,是地方应用型本科高校发展的必然选择。国务院办公厅2017年印发的《关于深化产教融合的若干意见》提出,"鼓励企业依托或联合职业学校、高等学校设立产业学院"。

近年来,一些职业院校和应用型本科高校为深化产教融合,开始探索并举办了多种形式的产业学院,成为推进产教融合、校企合作的主要方式,并取得明显实效。然而,受到建立时间尚短、经验不足、高校与企业性质迥异等因素的影响,在实践中产业学院还普遍存在"学校热、企业冷"以及合作浅层次、结构松散、服务水平低等诸多问题。产教融合涉及政府、企业、学校、行业、社会等多元主体,涉及人才、智力、技术、资本、管理等多维要素,不仅需要物理空间上的平台载体支撑,更呼唤新的生产力组织方式,需要构建各创新要素互促共融的开放共享平台。为此,处于经济领域的产业企业与处于教育场域的高校的有机结合,需要建立一种特殊的机制和制度体系,将企业纳入教育教学生态,组建高校与企业作为"双主体"的产业学院成为建构产教融合生态最适切的组织形式之一。浙江万里学院在推进产教融合过程中探索构建了校企为主、多元协同、多维要素联动的"双主体"产业学院运行机制,取得了显著成效,实现了教育链、人才链与产业链、创新链的有机衔接。

第一节　产业学院的兴起与发展

产业学院既是知识经济时代高校主动适应经济转型与社会发展的产物,也是高校进行内涵式发展、满足自身发展诉求的结果。产业学院已经成为高校不可或缺的二级组织形式。梳理和透视中国高等教育场域内产业学院的兴起与发展历程,是增强产业学院组织效力、提升高校发展潜能的重要基础和前提。

一、产业学院兴起的背景

随着改革开放的不断深入以及产业结构的转型升级,当前我国地方应用型本科教育办学的内外部环境已经发生了巨大变化,这些生态环境的变化催生了产业学院。

(一)知识生产模式的转变催生了产业学院

高校作为学术组织,其组织结构及形态变化始终受到知识与社会之间关系的直接影响。众所周知,在知识经济时代,知识已经被普遍地应用于社会生产生活当中,成为社会运行的基础性要素。从认识论视角来看,产业学院是大学构建新型知识生产模式的产物。美国学者吉本斯等将知识生产模式分为两种类型。模式Ⅰ是指由建制性的团队以单一学科为基础,创新学科知识的生产模式,其显著特征是以理论研究为导向的单学科知识生产与应用的分离。模式Ⅱ是指由非建制性的团队以跨学科合作的方式对现存知识针对新情境进行改造的生产模式,其显著特征是以问题为导向的跨学科知识生产与应用的整合。[①] 在知识社会,模式Ⅱ生产的综合性知识已经成为诸多领域不可或缺的生产性要素。作为知识组织的高校,此时更难以忽视社会的知识诉求而独善其身,难以脱离从所谓的以科学为基础的学科模式Ⅰ转变为以研究为基础的应用模式Ⅱ的发展路径,必须积极回应国家和市场的强烈需求。[②] 过去那种以学科为单位的知识生产模式在为大学编织庞大学科知识谱系获得强大生命力的同时,也在不同的知识疆域筑起了泾渭分明、壁垒森严的学科界限,以至于现代社会基于现实情境和具体问题所需的跨学科知识难以在高校的学科图谱内自然生发。高校必须与市场、社会生产、企业紧密相连,产业学院的生成即是高校适应知识生产模式转变和跨学科知识成就孕育而生

---

① 迈克尔·吉本斯,卡米耶·利摩日,黑尔佳·诺沃茨曼,等.知识生产的新模式:当代社会科学与研究的动力学[M].陈洪捷,沈文钦,等译.北京:北京大学出版社,2011:3-5.

② 理查德·惠特利.科学的智力组织和社会组织[M].赵万里,等译.北京:北京大学出版社,2011:5.

的制度性安排。

(二)知识教育与实践教育相统一的育人要求催生了产业学院

实践既是认识的来源和认识发展的动力,又是认识的最终目的,更是检验认识真理性的唯一标准。学校教育作为提升公民素质和人才培养的社会活动,理应在教育教学过程中反映认识与实践的辩证关系,贯彻知识教育与实践教育相统一的育人要求。地方应用型本科院校与其他类型的高校相比,在教育取向上更加注重专业知识教育与实践教育相统一。但是,在我国,地方应用型本科高校起步晚,高等教育理论研究和实践经验积累均略显不足,加之我国工业化进程起步较晚,产业发展与高等教育发展协同性差,这就造成地方应用型本科院校一直被动模仿研究型大学,既导致地方应用型本科校教育教学无法体现工学结合的要求和社会发展的特征,也割裂了其应用型本科教育与实践教育的统一关系,使得应用型本科教育培养的人才规格与行业企业的用人需求不相匹配,严重制约了应用型本科教育社会功能的发挥。新时期,我国大力推进高等教育教学改革,推行应用型本科院校与行业企业的协同一体化发展,促进产教融合,这些举措正是为了纠正过去地方应用型本科教育人才培养上的偏差,补足地方应用型本科院校知识教育过度强化、实践教学薄弱的短板。校企共建的产业学院人才培养共同体,能够显著增强地方应用型本科院校与企业之间紧密的合作办学关系,使地方应用型本科校得以最大限度地利用企业的教育资源来提升实践教育的水平和质量,从而更好地实现知识教育与实践教育的有机统一。

(三)应用型本科教育的人才供需关系由过去的学校主导转变为市场主导催生了产业学院

伴随着中国社会知识化、信息化的快速发展,产业结构的转型升级速度加快,科技进步和知识更新的周期大幅度缩短,进而导致社会对高素质技术人才需求的结构也发生变化,已经由过去的知识储备型人才转变为知识应用型人才。

这种对人才素质结构的变化直接招致地方应用型本科院校在人才培养模式、课程内容、培养类型等方面的深刻变革。地方应用型本科院校难以按照以往的做法遵循自身的学术标准来培养人才,而是必须依照市场和企业的需求来定制人才培养方案,培养具有较强实践能力的人才。传统的由地方应用型本科院校主导的人才供给必须向企业主导的市场化供给转变。简言之，当前社会的人才供给主动权已经由地方应用型本科院校的"卖方"市场向企业主导的"买方"市场转变。过去，地方应用型本科院校可以按照自己的意志和办学要求来确立人才培养的规格、标准、模式和理念，但现在已经转为由以企业为代表的市场来决定，否则地方应用型本科院校所培养的人才就无法实现与社会、与实践对接，地方应用型本科院校也将因办学的低效和人才的不合规格而面临政府和社会的问责。面对人才供求结构的变化，地方应用型本科院校在人才培养过程中必须正视市场和企业的需求，重视产业、企业对人才培养的标准、规格、类型的具体要求，立足于需求侧来变革地方应用型本科院校的人才培养体系。在这种情况下，建构联结高校与企业的产业学院是地方应用型本科院校顺应人才供求关系变化的有效方式。

（四）地方产业升级发展催生了产业学院

改革开放初期，面对经济基础薄弱、经济发展水平较低的困境，为了尽快提高生产力，提高人民生活水平，缩小与发达国家的差距，我国承接了国际上大量的制造项目，大力发展工业制造业。这种资源密集型经济发展方式为当时中国社会的迅速恢复和快速发展提供了重要动力。然而，只注重经济增长速度、较少关注产业结构平衡问题的经济发展模式，致使我国长期处于国际产业链末端，甚至沦为"世界工厂"，始终处于全球高竞争的高压力困境当中。时至今日，知识经济时代的到来，迫使我国必须由世界制造业"大国"向制造业"强国"转变。过去那种资源式的路径依赖必须进行全面革新。以知识和技术为核心的产业结构升级是中国社会面对全球高竞争的必然选择。无疑，产业升级亟须以大量的高素质复合型技术技能人才为支撑。唯有拥有高素质复合型技术技能人才才能产出高端精密技术而傲然于世。各地区高素质复合型技术技能人才主要来自地方应用型本科院校。地方应用型本科院校能够结合本地产业特征，与企业合作，有针对性地引进国内外先进的教育教学模式和技能人才培养标准，为市场和产业升级输送高素质复合型技术技能人才。而产业学院是融合地方应用型本科院校和企业优势力量的极佳载体。依托产业学院运行机制，地方应用型本科院校可以通过与本地的企业和办学机构嫁接融合，形成本土化国际标准高技能人才培养模式，有效对接不同产业对高端技术技能人才的需求。

(五)高等教育多样化发展催生了产业学院

高等教育多样化是全球高等教育现代化发展的必然趋势。一方面,在现代科学技术的推动下,人类生产活动的范围和对象持续扩展,商品经济和服务经济的形态日趋多元,社会分工细化、职业岗位专业化的程度不断加深,这些变化在客观上要求高等教育向多样化的方向发展,以适应经济形态多元化的实际需要。另一方面,在全球经济一体化进程中,不同国家和地区之间的经济、政治、文化联系日益紧密,国际交流日渐增多,而在一国或一个地区内部,不同阶层、不同民族、不同年龄的民众相互之间的交流与联系也越来越便捷和密切,不同思潮激荡碰撞,促使现代社会更加开放、包容、多元,也要求高等教育向多样化的方向发展,以满足更加多元化的民众教育需求。高等教育的多样化涉及办学主体多元化和办学体制多元化两个层面:就办学主体多元化而言,要实现高等教育由政府举办为主向政府统筹管理、社会多元办学的格局转变,引导和鼓励更多类型的社会主体参与职业教育办学;就办学体制多元化而言,要打破传统的一元办学体制和管理体制,允许社会主体以资本、知识、技术、管理等要素参与办学,充分发挥市场配置高等教育资源的能力。校企共建的产业学院共同体是推动高等教育多样化最重要、最有效的办学模式之一。产业学院实现了高校与企业的"二合一",双方基于共同的人才培育目标而形成了校企融合的一体化办学和发展格局,拥有了全面、深度整合双方主体教育资源的坚实基础。

二、产业学院的发展现状与未来走向

产业学院是高校组织内部一种高效的二级知识组织。它在中国高等教育场域中的兴起与发展的轨迹迥然不同于以往二级专业组织,受到国家战略规划和社会经济发展诉求的双重影响。

(一)产业学院的发展历程

作为一种办学模式,产业学院的兴起是为了提升企业竞争力以及个体的就业创业能力。21世纪初,英国依托现代信息技术,建立了一个为全社会提供优质教育资源服务的开放性的学习联合体——产业大学。英国的产业大学是世界产业学院发展的样本,自此,产业学院开始作为产教融合载体在全球范围内流行开来。产业学院在我国高等教育场域尚属新兴组织,与中国的经济产业发展需求相伴而生,历时较短。应该说,高等教育场域中的"产业学院"起源于广东省中山市。中山市的经济发展一直拥有"一镇一品"的特色,许多镇都有其主导产业。中山职业技术学院本着服务区域经济发展的办学理念,在中山产业集聚地与龙头企业、行业协会共同兴办了沙溪服装学院、古镇灯饰学院、南区电梯学院和小榄工商学院。这些学院对接当地不同镇的主导产业,因而被称为"产业学院"。从2010年开始,我国部分高职院校为了加快校企合作人才培养模式,大规模引进企业进入学校,加快人才培养模式与企业业务标准、生产流程的全方位对接,围绕产教融合建立了稳定的校企联合体。这种新型的校企联合体就是产业学院。这一时期的产业学院仅仅被视为一种深层次、立体化、全方位的校企合作办学模式。[①] 对产业学院的关注更多的是基于校企合作的视域,即希望通过产业学院办学促进校企合作,并未将产业学院视为一种办学组织机构而纳入高校的办学主体和研究视野。甚至对产业学院的内涵,人们也存在不同的理解。例如,有学者将产业学院定位为职业技术学院的二级学院或以二级学院机制运作的办学机构[②];有学者将其作为具有明确产业服务对象以及紧密产学合作关系的职业技术学院类型[③];还有学者认为产业学院是高等职业院校在与企业深度合作基础上建立的实践教学基地[④];等等。

2014年,国家出台《国务院关于加快发展现代职业教育的决定》,揭开了职业教育混合所有制改革的序幕。人们逐渐认识到产业学院的混合所有制特性是促进深度产教融合的关键,开始聚焦于从混合所有制视域研究产业学院。同时,各公办高职院校对于混合所有制改革的探索,也逐渐廓清了产业学院的内涵,即产业学院是公办高职院校利用经营性资产和社会资本合办

① 李宝银,陈荔,陈美荣.转型发展中应用型本科院校产业学院建设探究[J].教育评论,2017(12):3-6.

② 李宝银,汤凤莲,郑细鸣.产业学院的功能设计与运行模式[J].教育评论,2015(11):3-6.

③ 邵庆祥.具有中国特色的产业学院办学模式理论及实践研究[J].职业技术教育,2009(4):44-47.

④ 徐秋儿.产业学院:高职院校实施工学结合的有效探索[J].中国高教研究,2007(10):72-73.

的,具有混合所有制特征和产业服务功能,建立现代法人治理模式,实行市场化运作的二级学院或以二级学院机制运作的办学机构。[①] 它具有以下特征:一是出资主体多元化。产业学院的资产中既有公有资本,也有产业资本。不同所有制资本的混合成为产业学院最本质的特征。二是服务对象产业化。产业学院以服务于特定的产业集群为宗旨,具有明确的产业导向,也由此形成了产业学院不同的专业特色。三是运行机制市场化。产业学院依据市场进行资源配置,根据市场及产业需要调整专业设置、人员配备。紧跟国家产业政策和市场供需变化,尊重市场对资源配置的决定权是产业学院的运营基础。四是治理结构法人化。虽然产业学院只是二级学院,但吸收借鉴了公司法人治理的精华,实行资本所有权、重大决策权、办学管理权、监督权的适度分离与相互制衡,这有利于提高决策的民主性、管理的科学性和监督的有效性。

2015 年,教育部发布的《高等职业教育创新发展行动计划(2015—2018年)》将具有混合所有制特征的二级学院作为高职混合所有制改革的突破口后,产业学院办学因可操作性强、产业衔接度高、改革纠错成本低,被视为高职混合所有制改革的稳妥方案,也形成了几种较为典型的模式。一是与政府主管部门联合共建的产业学院。例如,2017 年深圳职业技术学院与深圳大鹏新区管委会共建全国首个社区旅游学院,即大鹏新区社区旅游学院,就社区劳动力转移、职业技能培训、社区文化建设等开展合作。此类产业学院在办学属性上更多体现了非营利性;在办学类型上更倾向于职业培训,尤其以服务区域经济发展的职业培训为主。二是与行业协会联合共建的产业学院。例如,福建江夏学院与福建省资产评估协会合作共建资产评估与财务服务产业学院,真正实现教学内容与行业企业的标准同步,教学过程与行业企业的标准对接,人才培养的质量由学校和企业共同评估。此类产业学院参与共建的主体涉及范围较广,囊括了政府、行业协会、企业、高职院校等,其中政府往往发挥着主导作用。此外,这类产业学院的人才培养与综合服务都具有明确的行业指向,体现出鲜明的行业指导特色。三是与行业龙头企业联合共建的产业学院。福州职业技术学院、阿里巴巴集团、慧科集团三方联合成立全国

---

① 张艳芳,雷世平.论混合所有制产业学院的内涵、地位及属性[J].中国职业技术教育,2018(34):50-55.

第一所面向应用型人才培养的产业学院——福职阿里巴巴大数据学院,校企双方共同办学,共建学科专业、实训基地、双师团队、大数据教学资源库,以项目实战和课证融合的教学模式培养高职特色大数据技术技能型人才。此类产业学院中参与共建的企业多为行业龙头企业或股份制的集团公司,有雄厚的资金支持和巨大的人才储备需求,共建双方往往秉承"优势互补、利益共享、风险共担"的理念展开合作。

2017 年底,国务院办公厅印发了《关于深化产教融合的若干意见》,这是我国第一个关于产教融合的专门性政策文件。在该文件中,国家政策导向首次将产教融合作为国家高等教育改革以及人力资源开发的基本制度体系,要求地方本科院校、高职院校不断推进校企合作,不断提升人才培养质量。在职业教育更好地与产业对接的同时,鉴于产业学院的优势,根据国家产教融合战略的要求,为更好地服务于社会经济发展,国内一些普通本科院校开始纷纷推进多元协同产教融合的校企结合体。与此同时,各地方政府亦出台相应的产教融合政策方案,大力支持地方本科院校向应用型方向转变,主动对接产业、企业和行业等,开展产业学院的建设。浙江、江苏、广东、福建等地区从省级层面制定相关政策来扶持产业学院的发展,如浙江万里学院、江苏理工学院、广东白云学院、武夷学院等,推动了产业学院在普通本科院校的发展。而在这些普通本科院校中,以长三角和珠三角地区的应用型本科院校的产业学院发展最为迅速,社会声誉不断攀升。

以浙江万里学院为例,作为较早开展应用型人才培养的高校,早在2003 年就已经开始探索"双主体"产业学院的建设。浙江万里学院以对接产业与培养能力为导向,以组织建设和制度完善为切入点,以协同育人为中心,以科技创新和社会服务为抓手,通过标准线、保障线、发展线和质量线"四线并进"的实施路径,构建了华为网络学院、网易直播学院、宁波市跨境电子商务学院、临港城乡设计学院、万智学院、"互联网+"商学院、智慧财经学院等"双主体"产业学院,共培养学生 4000 余名,毕业生供不应求,全体学生在校期间就能够带薪进入企业实习。同时,"双主体"产业学院相关专业教学满意度名列全省同类专业前 20%,就业率或创业率名列全省同类专业前 15%。政府、企业既能够从"双主体"产业学院建设中获得大量所需紧缺人才,又能够获得关键技术支撑和培训服务。近两年来,参与浙江万里学院"双主体"产业学院共建的企业已经增加到近百家,建设实习基地 260 余家,教师承担企业横向课题 50 余项。浙江万里学院协同创新、科教融合的产学合作新格局正在形成。

(二)产业学院发展中存在的问题

过去数十年间,产业学院专业设置已经涵盖新能源、新材料、电子、化工等众多产业领域,既为地方产业升级提供了人力和智力资本,又为高校发展和转型注入了活力和动力,取得了可喜的成绩。但是,产业学院由于成立时间短,亦存在不容忽视的问题。

1. 产业学院的法律地位尚未确立

目前,我国高校的产业学院均是在地方政府的大力支持下建成的,并没有确立其独立的法人地位,这也使产业学院的进一步发展缺乏法律保障和法律依据。独立的法人地位对产业学院的发展意义重大。首先,独立的法人地位能保障产业学院的独立决策权。产业学院只有拥有独立的法人地位,才能不受高校或者企业方的任意干涉,行使决策权。其次,独立的法人地位能保障产业学院的可持续发展。企业经营的核心是求得生存与发展,最终是要实现盈利。由企业参与投资建设的产业学院不可能要求企业无止境地、完全公益性地投入资金,这就必然要求产业学院在经济上能够盈利、自我造血,不断发展壮大,实现可持续发展。但公办院校的事业单位属性,在法律上不允许将盈利作为办学目标。显然,赋予产业学院独立的法人地位,而不是作为事业单位院校的组成部分,并给予其盈利权,是产业学院可持续发展的前提和基础。赋予产业学院独立的法人地位,使其能够像普通企业一样在资本市场进行融资,既有助于补充产业学院的办学经费,又能够增强产业企业积极参与产业学院建设的积极性和主动性。

2. 产业学院现代化的治理方式和治理结构尚未建立

在我国,各级各类高校分别隶属于教育部和各省(区、市)政府等行政主管部门,直接接受上级主管部门的指导和管理。因此,在院校内部,其治理方式主要是执行上级主管部门的行政命令,即上级命令下级的方式。然而,遵循经济法则和市场经济的企业,其治理方式迥异于性质完全不同的高校,倘若行政命令的这种思维和治理方式被习惯性地运用到"兼具企业性质"的产业学院治理上,将导致其运行受行政指令的干扰较多,现代治理方式和治理机构难以在产业学院中生成,从而导致人治大于法治的结果,无法形成决策的民主性、参与性和科学性。同时,由于产业学院具有多主体性,拥有企业、高校等不同主体,而各主体的利益诉求具有差异性,有时不同主体间的诉求甚至是相互对立的,仅仅依靠自上而下的行政命令难以调和与化解不同利益主体间的矛盾冲突,难以平衡不同主体间的利益诉求。只有建立符合产业学院"事业、企业"双性质的现代治理方式和治理结构,才能吸引企业参与产业学院建设,使其与高校深度融合,共同培育满足市场和产业需求的人才。

3. 运行成本大,缺乏市场化运行机制

当前,我国高校的产业学院主要肩负人才培养和价值创造两种功能。从目标指向上来看,这两种功能是相辅相成的。高校所承担的人才培养任务与企业所追求的价值创造在社会生产实践过程中能够并行不悖、相互融合、互利互荣。发挥产业学院中学生的主体作用,让他们真正融入企业的生产、销售、服务、技术研发、管理等社会生产的各个环节,为企业创造实际价值,真正提升学生的实践能力和职业能力。然而,现实中的产业学院,尚处在市场化运作机制不健全的阶段,其生产、服务和科研无法直接以市场和企业为导向,而主要以教学需求为导向,学生直接参与到企业的生产实践,将会极大地增加产业学院的运营成本和风险。可见,产业学院在发挥人才培养功能的同时,并没有很好地发挥其价值创造的功能,既不能为产业学院的发展创造经济价值和提供资源补充,又不能为企业带来直接的经济收益。

(三)产业学院的发展方向

从以上分析可以看出,作为一种产教融合的组织形态,当前中国高等教育场域中的产业学院仍存在着行政化色彩浓厚、治理机制不健全以及市场化运行机制不畅等问题。显然,产业学院在实践中存在的问题与其制度设计的初衷并不契合。

从组织架构及其功能角度看,产业学院一般有三种形式。第一种是虚拟学院。此类学院主要是依托实体二级学院及相关专业的办学条件与资源,与行业或行业中的若干骨干企业合作,以人才核心能力选修课程模块和项目训练为载体,无独立师资,无名下学生,无实体化的教学或科研组织。第二种是实体学院。此类学院打破原有的院系组织结构,以专业方向集群或特色专业方向为主要载体,具有实体化的组织机构和师资队伍。第三种是由虚转实的学院。以常熟理工学院汽车工程学院为例,该学院建立之初是依托实体的机械工程学院及汽车工程等相关专业和地方汽车行业企业组建虚拟行业学院,后由常熟市重点打造汽车产业集群,在常熟市政府的主导与支持下,该校汽车工程学院转设为实体学院。

未来,产业学院应以高校为主导,以企业为主力,培养一大批产业未来的领军人才和高层次创新型、应用型、技术技能型人才,形成产学研深度合作的新型人才培养模式。要实现产业学院的高效发展,就必须提升产业学院的核心竞争力,明确产业学院核心竞争力的基本要素。构建地方政府积极参与,高校、产业领军企业或行业协会为共同办学主体的现代"双主体"产业学院,真正成为"跨界教育"的典型模式,成为全程融入行业、企业元素的二级学院或以二级学院机制运作的办学机构,将是未来产业学院发展的必然趋势。

第二节 "双主体"产业学院的要素分析

"双主体"产业学院,是高校面对新一轮科技革命与产业变革所引发的人才新需求而催生的新型高校办学机制。尽管从外部形态而言,"双主体"产业学院表现为高校学术组织中的一个二级机构,但其生成过程并非一个单纯的组织行为,其背后包含社会、国家、知识等多重力量的作用与孕育。这种特殊的生成逻辑和性质特征,使其迥然不同于高校其他组织机构,能够凭借深刻的内涵、明确的定位、鲜明的特征,发挥更具针对性的功能。"双主体"产业学院,将以面向现代产业人才需求的理念,创新运行机制、变革组织体系、创新培养模式,构建兼具技术创新和跨界整合能力的高素质复合型人才培养体系,为建设中国特色的制造业强国提供强有力的支撑。

一、"双主体"产业学院的内涵

作为高校组织体系中的一种新型组织,"双主体"产业学院既是校企合作兴起以来多种合作模式探索的经验结晶,也是当前解决高校人才培养供给侧与产业需求侧供需"两张皮"问题的有力手段。一直以来,"双主体"产业学院被一些学者视为传统的"校企合作"、"订单式"培养、"顶岗实习"和建立"实习实训基地"等的升级版。但事实上,通过多年的实践探索可以发现,这种对"双主体"产业学院的基本认识使"双主体"产业学院建设容易陷入合作层次浅、结构松散、协同不力、校企利益难以兼顾、合作难以长远等困境当中。尽管"双主体"产业学院的建设发轫于"校企合作班""订单班""冠名班"等办学合作项目,并且也曾存在过类似于学院的建制,但并非简单地升级或采用"三级学院"组织建制就能够建成"双主体"产业学院。"双主体"产业学院是在规避原有实践当中产业学院效能较低、运行不畅等弊端的基础上,对原有产业学院的一种更新与超越。"双主体"产业学院既是高校组织形态面对社会变化和知识使用价值提升的一种自我调适,又是内生于高等教育场域的一种新型教育与发展共同体,更是针对我国产业升级需要而构建的动力站。

"双主体"学院以资源共享与合作共赢为目标,由高校二级学院或系部与地方行业、企业中的龙头企业共同建立,具有独立运行机制和法人地位,拥有高校与企业双重主体,实施与产业链对接的专业设置和人才培养方案以及科研创新,服务于企业。"双主体"产业学院是集学历教育、技术研发、技能培训、生产服务、科学研究于一体的实体化运行的产教融合联合体,实现五个方面的对接。一是高校对接企业。校企合作讨程中,如何提高企业在人才培养过程中的积极性,发挥其主导作用,提升企业参与人才培养的热度、深度、广度以及效度,是目前高校和企业要解决的核心问题。要真正做好校企的有效对接,就必须构建"双主体"产业学院独立的法人地位,建立和完善内部运行体系与机制,使高校、企业、学生、教师密切联动,以保障学校、企业和学生三方的共同利益。二是专业对接产业。在经济新常态下,应对产业转型升级,高校如何适应产业发展,更好地服务产业?关键在于专业设置与布局对接产业发展,保障高校人才培养符合产业需求,让高校的专业建设引领产业发展。三是教学内容对接岗位标准。专业课程核心任务点与实际岗位生产标准紧密衔接,注重开发学生自主学习能力和创新能力,重点培养学生专业实践能力和职业素养,让学生提前了解工作岗位标准和要求。四是教学过程对接生产过程。构建"校中厂""厂中校"实践教学基地,打造理论与实践一体化教学环境,将专业知识与生产过程相融合,让学生在真实生产环境中学习专业知识和技能。五是学历证书对接职业资格证书。根据国家职业资格标准以及专项职业能力考核标准,高校与企业结合岗位需求共同设定职业资格认定框架,将毕业证书与岗位相关职业资格证书挂钩,使得学生在获取毕业证书的同时拿到职业岗位相关的资格证书,为学生就业提供更好的机会。

二、"双主体"产业学院的定位

"双主体"产业学院是应用型本科高校主动以区域内若干支柱型产业作为服务对象,与产业、行业中的龙头企业、行业协会、研究院所、政府等组织合作共建的混合所有制教育与发展共同体。这种二级组织运用一种新型运行机制,旨在为区域内的各种产业企业培养各类应用型人才,从科学研究、社会服务和文化传承创新等多个方面来实现对产业经济发展的有力支撑,从而引导区域产业升级,引领区域经济发展。"双主体"中的一方主体是应用型高校,另一方主体是产业界,即政府主管部门或龙头企业带领的企业联盟。显然,要实现高校与企业双赢的目标,"双主体"产业学院的定位必须坚持以下四个方面的原则。一是协同加强专业建设。一方面,要整合行业企业的资源,打造具有产业特色的专业;另一方面,根据所要打造的特色产业实施人才培养计划,开展教学研究与改革,建设示范性专业。二是协同创新应用型人才培养。基于"双主体"产业学院的人才培养平台,构建基于特色专业的应用型人才培养模式。要使企业实质性地参与人才培养,设置人才培养标准,对课程进行整合和优化,同时也要根据育人要求开发相应的课程,以保障应用型人才的培养成效。三是协同建设"双师型"师资队伍。共建"双主体"产业学院的目的之一是使校企的人力资源队伍得到改善。"双主体"产业学院要根据人才培养要求,协同建设"双师型"师资队伍。四是共建"产学研创"一体化平台。校企双方在产学合作的基础上,利用各自的资源优势,共建"产学研创联盟"。一方面,对产学合作模式、存在问题等进行研究并提出思路与对策,以此促进产业发展和创新;加强产学建设研究,以研究成果推动产业学院建设。另一方面,学生通过产学合作形式,将理论和实践相结合,提高专业技能,助力创业创新。与此同时,"产学研创"一体化平台亦应当作为优质实践教学基地,承担员工培训、学生实习、师资培训等教育教学任务,使校内课堂教学与校外实践有效结合,完成培养人才的目标。

在明确基本原则的前提下,必须加强顶层设计,使"双主体"产业学院更好地服务于产业升级、企业发展、高校教育活动。

(一)教育共同体

地方应用型本科院校成立"双主体"产业学院,一般都采用与地方产业中优质企业合作共建的模式,表现为凝聚政、产、学、研、用的优质资源,指向培养应用型产业人才。这就意味着,地方本科院校建设"双主体"产业学院既是自己的任务,又是其他共建单位的需求。作为由校地、校企多方参与合作的教育机构、项目平台,"双主体"产业学院必然是一个教育共同体,各方以人、财、物等不同形式支持"双主体"产业学院的建设与发展,谋求相互促进、共同发展。从学院归属看,合作共建的"双主体"产业学院仍然是地方应用型本科院校的二级学院,可以采取混合所有制形式,拥有独立的法人地位。从存在形态看,"双主体"产业学院至少具有虚拟与实体两种。从办学目标看,无论公私、虚实,"双主体"产业学院办学都必须立足于有效支撑产业发展,以应用型产业人才培养为主,兼顾科学研究、社会服务、文化传承与创新等功能。简言之,地方应用型本科院校"双主体"产业学院要使自身与地方产业企业形成"教育共同体",彼此支撑、合作共赢。

(二)办学产业化的定位

从大学生个体的职业生涯分析,除了继续深造,大部分毕业生必然走向产业、进入行业,在产业内谋求进一步的发展。地方应用型本科院校建设"双主体"产业学院,应该在应用型人才的基础上增添产业元素,致力于培养专业知识扎实、专业能力出众,且符合产业需求的本科毕业生。简言之,"双主体"产业学院要为地方行业企业定向培养应用型人才。从办学路径看,一是专业与产业呼应。"双主体"产业学院所设专业要与地方支柱产业相呼应,要以产业重大需求为导向调整或优化专业(方向)设置。最重要的是,"双主体"产业学院要努力实现自身专业群与行业产业链的无缝对接,使专业培养与产业需求相呼应,为学生"专业对口"的高质量就业打好基础。二是教学与生产融合。按照教育规律,课堂教学是培养学生掌握产业理论知识的主要途径,而要真正将产业理论知识转化为职业技能,则还要通过充分的实践教学。"双主体"产业学院的实践教学应该按照实践教学的比例,有计划地组织学生深入企业参加岗位见习、专业实习、技术创新等,通过生产实训环节提升学生应用能力。三是职前与职后贯通。产业对大学生的入职要求可以说是"双主体"产业学院人才培养的显性标准和基本要求。一般而言,企业对毕业生满意与否主要取决于其是否达到入职要求。为此,"双主体"产业学院要打破壁垒,将职前与职后贯通起来,在实践环节加强"同步实操"式业务培训,使学生在毕业前就具备进入优质企业当员工的条件,有效提升适岗度、缩短试用期。

(三)全面应用型

地方应用型本科院校要立足地方、面向产业,有计划、有目的、有组织地与政、产、学、研、用开展共建,为产业企业提供全方位的人才培养、科学研究、社会服务、文化传承与创新支撑,使之成为应用型人才培养的典范。一是要力推"'双主体'产业学院"模式,培养应用型行业人才。当前,产业企业最迫切的需求,依然是人才。"双主体"产业学院要通过"四引"(引资、引智、引产业政策、引行业标准)完善人才培养模式,以行业标准和产业需求为基本导向,修订并完善相应的专业人才培养方案,以优质企业的用人需求为主要导向,增加校企合作行业类实践课程比例、优化专业见习与教学实习等基地建设,致力于培养理论素养、专业技能及应变能力兼备的"现场工程师"。二是要发挥行业学院科学研究功职,主要是应用(对策)研究。"双主体"产业学院要积极与企业对接,将企业生产实践中的难点作为科研攻关的重点,集中精力开展横向项目、软科学项目研究,有针对性地为企业解决一批实际问题。三是要激发"双主体"产业学院社会服务功能。"双主体"产业学院的师生,要积极参与产业组织的大型活动,在产业服务、校企互动中扩大自身的影响力,逐步树立"产教融合"的应用型品牌。四是要坚守和传承产业文化。"双主体"产业学院要将产业优良传统、品牌特质、文化底蕴凝练为行业精神,以此凝聚师生、团结力量,为自身的可持续发展提供文化动力,同时也承担起传承产业精神的使命。

三、"双主体"产业学院的特征

尽管"双主体"产业学院是高等教育场域中的一种组织机构,但高校与企业的"双主体"使得其呈现出区别于传统学术组织形态的组织特征和运行特征。

(一)"双主体"产业学院的组织特征

1.双主体性

这一特性突破了以往二级组织隶属于高校单一主体的格局,转变为隶属于高校和产业界两大管理主体。"双主体"产业学院可以由产业集聚地、工业园区政府、企业、高校等进行资金投入,所以存在多元化的办学主体。高校与产业界共同成为产业学院的投资、管理、责任、权益主体。校企双方以资源共享、共谋发展、合作共赢为目的,构建教育与发展共同体。

2.跨学科性

产业学院打破了过去高校以单一学科为二级组织单位的运行管理方式,拥有跨学科、跨专业的整合多学科知识的综合能力,以行业企业运行发展所需的综合性知识为组织单元,能够实行跨学科管理,针对某一产业或行业提供对口服务。

3.服务性

产业学院始终坚持需求导向,突出办学的合作性与科技服务的牵引性。应用型本科院校的产业学院区别于高职院校。这种"双主体"产业学院建设以科技创新为起点,以项目推动为支撑点,以产业需求的跨专业复合型应用人才培养为落脚点,在资源共享的基础上,突出与产业协同创新的科技支撑力,以服务产业和学生为核心。例如,针对人才培养,"双主体"产业学院不仅注重强化学生的岗位操作能力,而且致力于提升学生解决产业实际问题的综合能力。

(二)"双主体"产业学院的运行特征

1.双元的投资体制

双元的投资体制是"双主体"产业学院区别于传统校企合作最显著的运行特征。对"双主体"产业学院而言,企业不再是高校人才培养的辅助者,而是两大投资主体之一。同时,政府亦可参与"双主体"产业学院的建设,并进行投资,成为合作的主体之一。

2.理事会领导、院长负责的管理体制

高校根据区域经济发展的特点和合作企业的要求,选择合适的学科专业与相关企业共建"双主体"产业学院。"双主体"产业学院建立后,不受高校或企业单独领导,而是由专门的理事会领导。理事会由"双主体"产业学院投资方、企业、学校所遴选的代表组成,是"双主体"产业学院的最高决策机构,统领"双主体"产业学院的人才培养、科研创新、经费预算等重大事项,行使决策、审议、监督等权利。理事会遴选出的"双主体"产业学院院长,负责落实理事会的重大决定,代表理事会负责产业学院的日常管理工作。理事会一般每学期召开一次全体会议,安排或审议本学期的教学项目、实训岗位、实训教师调配等重要事项。

3.校企协同育人

专业建设委员会由理事会成员和"双主体"产业学院聘请的专家组成,根据产业发展的现状和趋势,指导"双主体"产业学院的专业建设以及与之相适应的课程设置[①],强化实习实训,安排不同年级的学生进行复杂程度不同的实习、实训和顶岗作业,以工学交替为主要学习方式,保证所有的学生都能获得充足的实践锻炼,在实践中提升技能。在师资方面,企业直接为"双主体"产业学院选派兼职担任实践课程的教师,为高校教师提供实践的机会,对理论课教师进行实践教学能力培训,助力学院"双师双能型"师资队伍建设。

---

① 朱为鸿,彭云飞.新工科背景下地方本科院校产业学院建设研究[J].高校教育管理,2018(2):30-37.

四、"双主体"产业学院的功能

根据企业竞争力理论,核心竞争力是指一定积累性的知识体系,是协调不同生产技能和整合不同生产方式的知识。① 在本研究中,核心竞争力主要包括以下两个关键要素:能够将长期的积累和学习过程展现在市场竞争中,集合资源、技术、知识的超强整合能力;核心竞争力的要素和标准并不是一个单数,而是融合多种技术、技能的复数标准。据此,"双主体"产业学院的核心竞争力至少包括以下三个基本要素。

第一,具备高效的资源整合能力。"双主体"产业学院作为地方应用型本科院校推进产教融合的新型组织体系,是对地方应用型本科院校优质资源和企业、产业优质资源的一种全新整合。"双主体"产业学院在对资源进行整合的过程中,其整合的不仅有优质的知识性资源,更有高效的制度性资源。资源通过整合可以为"双主体"产业学院的核心竞争力提供基础保障,能够激发"双主体"产业学院的组织结构、运行机制等核心竞争要素发挥作用。因此,"双主体"产业学院在发展过程中,应该以产业需求为导向,与企业、产业建立紧密的合作框架和合作体系,能够在多元主体的参与下实施畅通的协同治理,进而保证其在运转中形成高效的、畅通的管理机制,最终确保能够充分利用社会一切优质资源来支撑"双主体"产业学院运行。

第二,拥有特色的专业集群。美国学者巴尼(Jay Barney)认为,组织体的实物资源是容易模仿的,其他的竞争者可以通过构建类似的生产工厂或生产车间来对这些实物资源进行模仿和复制,但是基于团队意识、文化体系、组织程序、制度模式等相关方面的能力则无法复制,因为这些内容属于软技术范畴,需要经过一个组织体长期的积累才能形成,而组织体自身的行为和决策可以对这些软技术形成产生一定的影响。对我国高校"双主体"产业学院而言,其核心竞争力并不完全停留在物质层面,物质层面的硬技术是可以模仿的,甚至是可以超越的。"双主体"产业学院的核心竞争力是其独具特色的专业集群。一般而言,地方应用型本科院校"双主体"产业学院的专业集群往往能够代表其所在区域产业发展水平和战略需求,聚焦于所在区域的新产业、

---

① C.K.普拉海拉德,G.海默.公司的核心能力[J].哈佛商业评论,1990(5):13.

新业态和新技术。显然,特色产业集群的发展目标是明确的,发展定位也是清晰的。"双主体"产业学院特色的产业集群,需要通过人才培养体系体现出来,围绕这些特色的专业集群,与特定的行业企业共建人才培养体系,保证相关的行业企业能够参与到"双主体"产业学院的人才培养全过程。唯有如此,才能将企业的人才需求与地方应用型本科院校的培养过程无缝对接,既实现人才供需信息渠道的畅通,又能优化产教融合的机制,使人才培养各个要素得到不同程度的优化组合,最终使"双主体"产业学院的资源、专业、技术等优势转化为人才优势,其核心竞争力才能体现出来。据此,独具特色的专业集群所具有的排他性和无法复制性,能够保障高校拥有核心竞争力。

第三,拥有作为高素质复合型人才的毕业生。市场既是企业生存的基础和保障,也是检验企业实力和技术水平的裁判者,更是企业核心竞争力的主要标准。企业或组织的核心竞争力,既体现在资源整合和文化建设方面,还体现在产品质量方面。换言之,企业的核心竞争力需要其产品来体现。对于"双主体"产业学院而言亦是如此,作为其重要"产品"的毕业生,是检验其核心竞争力的标准。对于高校"双主体"产业学院而言,人才培养质量,尤其是毕业生质量是毋庸置疑的核心竞争力指标。人才规格与社会需求之间的吻合度、毕业生自身的满意度和用人单位的满意度等直接反映了"双主体"产业学院核心竞争力的持续性和成效性。例如,宁波市跨境电子商务学院依托浙江万里学院电子商务专业及相关专业,整合视觉传达设计、法律、外语、外贸、信息技术、新闻、广告等专业,以跨境电商岗位需求为导向,联合行业龙头企业,引入行业课程标准,构建了模块化课程体系,推进研究性教学改革和基于项目化的实践教学改革。学生自主学习能力、实践创新能力和岗位发展能力显著提升。

尽管"双主体"产业学院是高校满足市场需求,适应经济社会发展所做的自我调适,但"双主体"产业学院能够突破教育场域的边界,在对高校应用型人才培养产生特殊作用的同时,亦对高校、产业、政府等主体发挥着多种功能。

(一)"双主体"产业学院在应用型人才培养中的特殊作用

"双主体"产业学院是新时代、新形势下高校创新人才培养体系的重要举措,能够对应用型人才培养发挥特殊作用,推动高校与企业的有机融合。

1.在人才培养方案设置中推动学术逻辑转向行业逻辑

学术是知识演化到一定阶段的产物。作为一种知识结果,学术具有三个特点:一是普遍的知识;二是理性的知识;三是高深的知识。作为一种活动,学术具有四个特点,分别为探究性、自由性、自主性和学科性。在工业社会,知识的生产性特征日益凸显,知识已经演变为社会生产力,大学的功能则侧重于科研而非教学。在知识社会中,尽管大学仍生产与传播知识,但知识应用的功能将变得更加突出。倘若没有应用,知识的价值将无法显现。显然,在工业社会向知识社会的转型过程中,知识的生产方式不断变化,学术逻辑转向行业逻辑已经成为一种必然。行业逻辑的实质是市场逻辑,强调要为社会发展服务,要解决行业企业现实的技术问题,要培养行业所需高质量高水平应用型人才,要帮助企业创造经济效益,产业学院由高校和企业"双主体"共同研制人才培养方案的运行机制则将高校的人才培养从学术逻辑转向行业逻辑。

2.在人才培养方案实施中推动了"学理、技术、工程一体化训练"人才培养体系的生成

"双主体"产业学院是学校与行业协同发展的人才培养共同体。"双主体"产业学院的建立,能够促使高校与行业深入沟通,并合理安排招生人数,科学制定人才培养规格;能够在人才培养过程中充分发挥行业优势,使学生深入接触行业生产环境,学习行业核心技能,熟悉行业管理文化,与企业实现对接;能够在课程教学中积极推进教学方法改革,使教师注重因材施教,以学生专业知识的综合应用和专业核心能力的培养为主要目标,强化实践教学环节,融专业知识于实践实训、职业技能考核、科研创新中,建立多层次立体化的实践教学体系。"双主体"产业学院的建立推动了"学理、技术、工程一体化训练"人才培养体系的生成。

3.在应用型人才培养的规模和质量上推动了供给侧结构性改革

从"双主体"产业学院参与主体的维度来看,高校希望发挥行业企业的信息资源优势、人力资源优势和技术资源优势,产业学院的参与能够有效克服高校教学工作中理论知识与实践脱节的弊端;而行业期望通过参与人才

培养过程,将行业对人才培养的期望与要求,内化到产业学院的人才培养理念、培养目标与课程体系当中,培养行业所需的应用型人才;政府则希望建立行业与高校的对话和协同机制,搭建产业与高等教育融合的平台,促进行业深度参与高等教育发展,培养优质的服务于地方经济建设的人力资源。"双主体"产业学院作为实施这些理念的组织机构,推动了应用型人才培养的供给侧结构性改革,为行业发展培育了高质量的应用型人才。

(二)"双主体"产业学院对高校、产业、政府的多重功能

1.就高校而言,"双主体"产业学院可以满足地方高校应用型人才培养教育教学改革的内在需求

当前,本科层次人才培养偏重学术性和理论性,与市场需求应用型劳动力严重偏离已经成为不争的社会事实。"双主体"产业学院的建立,使高校与企业深度融合,能够将企业的实践型师资队伍和生产一线的实践场域引入人才培养的全过程,满足高素质应用型本科人才培养对实践性情境化知识和实践训练的需求,将"构思、设计、实施、运行"贯彻至教学全过程,也为地方本科应用型人才培养注入大量资本,有力地提高了应用型本科人才培养质量,有效解决了地方本科院校人才培养与市场相脱节的问题。

2.就行业(企业)而言,"双主体"产业学院能够满足企业尤其是中小企业对应用型人才和技术的需求

在知识经济时代,人才和技术是企业生存发展的核心竞争力。当前,由于中小企业缺乏雄厚资本实力的支撑而难以吸引高层次优秀人才的加入,无法建立高端的技术研发中心,这也是制约中小企业发展和产业升级的瓶颈。"双主体"产业学院的建立则为中小企业搭建了一个突破瓶颈、实现创新发展的平台。"双主体"产业学院能够按照企业生产所需的人才标准向高校定制人才培养类型,将高素质人才通过企业实践平台输送到中小企业当中,这在通过产业运营方式来为企业构建一支熟悉掌握社会生产技能的稳定的高质量人才队伍的同时,也能够为企业遴选拔尖人才搭建技术研发中心和实验室。这种对企业人才和技术的双向支持能够促使企业借助高校的学科优势和科研力量来破解发展难题,实现产业升级和经济转型。例如,

宁波旅游学院协同宁波各高校旅游师资,组建并打造了乡村全域旅游指导团队,旅游规划团队,宁波酒店、旅行社星评服务团队,会展策划团队等,开展"惠旅工程",各服务团队主动对接旅游行业企业开展一系列服务项目。乡村全域旅游指导团队分别完成了《宁波市花级酒店评定标准》修订、象山新桥客栈品质提升项目、长兴民宿业主素质提升项目、象山茅洋乡全域旅游示范区建设等工作;旅游规划团队出版了"宁波休闲旅游"丛书、《宁波餐饮文化白皮书》等,为乡村各地制定规划项目;酒店、旅行社星评服务团队每年为宁波市旅游局评定与复核星级酒店、旅行社达到 60 家以上;会展策划团队服务能力得到行业的充分认可,连续多年获得宁波市会展服务地方贡献奖。

3. 就政府而言,"双主体"产业学院能够有效帮助政府解决制约中国经济转型和产业发展困局以及大学生就业难的问题

"双主体"产业学院将人才培养设置在行业企业的现实生产场景当中,能够改变高校人才培养的规格和类型,为经济转型和社会发展输送所需要的建设性人才。同时,高校人才培养与产业企业的对接能够为社会输送大批市场发展所需的高素质应用型人才,使大学生顺利就业,有效解决当前大学生就业难的问题。

第三节 "双主体"产业学院的运行模式

"双主体"产业学院是国家实施产教融合战略,高校提升学生职业实践能力的载体。鉴于拥有高校与企业的多元主体,"双主体"产业学院必须坚持服务、互利、统一等办学原则,在借鉴过去校企合作经验的基础上,已经形成了独特的"三园合一"办学模式和运行机制,为实现校企融合、合作共赢目标提供了强有力的支撑和保障。

一、"双主体"产业学院办学的基本原则

"双主体"产业学院是企业和高校的"双赢"之路,既是学生良好的成才之路、就业之路,又是高校大规模、高质量、快速向市场输送高素质与高技能人才之通道。"双主体"产业学院能够有机融合高校和市场,使高等教育有效服务于企业、产业、地方经济的发展,服务于社会主义现代化建设。要推动高校与企业从单一转向多元发展,从简单转向全面发展,从自发转向自觉发展,"双主体"产业学院办学必须坚持四项原则。

(一)服务企业原则

为企业和产业服务既是高校社会服务职能的体现,更是"双主体"产业学院的主要工作任务。对企业和产业的贡献力直接决定着"双主体"产业学院的实效性与生命力。这就决定了"双主体"产业学院要始终坚持注重企业、服务企业、关心企业发展,与企业建立密切合作关系,主动深入企业调研,了解企业人才需求、用人标准、技术需求,积极为企业开展培训,帮助企业解决实际困难,为企业发展提供智力支持。

(二)企业需要原则

与企业合作取决于企业需要,只有积极主动满足企业的需要,"双主体"产业学院才能建设成功。"双主体"产业学院要根据企业的岗位需要,结合专业教育教学环节的要求,合理安排实践实习训练项目,同时,也要根据企业的技术援助的需求,为企业提供技术创新的支持。"双主体"产业学院办学活动与运行管理要基于企业发展需求,才能提高企业融入的积极性和主动性,确保高校与企业的双赢。

(三)校企互利原则

互赢互利是"双主体"产业学院的基础。企业的收益主要体现为高校为企业输送岗位人才和提供技术支持,服务于企业发展。高校的收益主要体现为学生在企业的实践过程中提升综合素质,教师在企业的实践过程中实现知识转化,构建产、教、研、创融于一体的知识运行体系。

(四)统一管理原则

"双主体"产业学院所开展的教育教学活动是高校与企业、教育与产业之间的双向活动,校企双方的利益与责任必须高度统一,必须统一领导、统一管理、统一规划、统一实施、统一考评。只有坚持"五个统一",才能实现教与学的有机融合、理论与实践的有机融合、知识与技术的有机融合,提升高校人才培养质量,推动企业发展。

二、"双主体"产业学院的办学模式

"双主体"产业学院融通高校与企业,实行"三园合一"("校园＋研发园＋孵化园")的办学模式,确保实现高校与企业之间的"共享、共用、共赢、互通、互融"。从本质上而言,高校人才培养与市场需求相脱节的问题是生产性知识和学科性知识在更新周期上存在差序格局造成的,并且这两种知识的融合并不是简单的知识堆砌和叠加,而是两种知识基于现实情境中的实际问题的深度融合与跨界。"双主体"产业学院通过统一规划和布局生产、密切协作,能够实现高校与产业的零距离接触。这在很大程度上解决了学科性知识和生产性知识在空间与时间上相阻隔的问题,能够将企业的核心技术课程和实践性课程融入高校人才培养的教学体系,将企业技术服务的领先优势和高校学科知识的基础性优势结合在一起,为生产性知识和学科性知识的融合搭建起畅通的渠道,使产业的前沿生产性知识以最快的速度和最小的误差传递给学生,最大限度地减少高校人才培养的知识错位,实现高校教育教学成果的快速转化。显然,"双主体"产业学院的"三园合一"办学模式能够形成集理论学习、项目研究、创业孵化、技术创新于一体的知识体系,从而推动科创孵化链与创新创业人才链紧密对接,促进高校与企业的互渗互联、互动互荣,真正实现从时间、空间、项目到教学过程、科研过程、生产过程等全过程的产教融合。

"双主体"产业学院的办学和运行需要政府的大力支撑。政府、高校、产业、企业四方联合,同心同向,可建成集学历教育、技术研发、技能培训、生产服务等功能为一体的产教融合联合体,实现"双精准"育人。政府主要为"双主体"产业学院提供政策支持、统筹协调、工作指导、软硬件支撑、资金支持等。高校主要为"双主体"产业学院提供固定设施和硬件设备,开展人才培养工作。产业联盟主要为"双主体"产业学院提供产业人才需求分析、创建对接企业岗位的实训平台、收集和分析教学大数据等。企业主要提供人才需求信息、内部培训模块、实习岗位、产业资源、技术研发需求信息等。

三、"双主体"产业学院的运行机制

"双主体"产业学院实行"共设专业、共建基地、共培团队、共享资源、共创成果、共育人才"的"六共"协同育人运行机制。这种集合多方力量和意志的管理团队,集产业发展、学生培养、教学与技术服务、产业成果转化等多个功能于一身。

(一)"双主体"产业学院的组织架构

"双主体"产业学院作为高校独立运行的二级组织单位,实为混合所有制的经济实体。它在组织架构上(见图3-1)与传统的专业学院有所不同,主要实行理事会制度,组建由政府部门、产业协会、合作企业、高校等部门领导构成的理事会,其中,前三者的成员比例应超过半数。理事会下设院长办公室,院长由高校、企业、产业联盟、政府四方协商指定,全面负责学院的各项工作。副院长则从产业联盟/协会、合作企业骨干人才中选聘。根据运行需要,学院设立综合(校企合作)办公室/秘书处,并配备专职的工作人员负责日常管理工作,明确各方职责分工,形成常态化工作机制。根据业务需要,学院设立专业发展工作组、产学合作工作组、团队建设工作组。这三个工作组负责人才培养、知识转化、企业发展、师资培训等任务。为保障多元投资主体的权益,"双主体"产业学院不接受高校行政化的日常管理,高校和企业则通过理事会来管理和运行"双主体"产业学院。在"双主体"产业学院成立之初,理事会负责制定投资者利益分配制度、财务管理制度、人事聘用管理考核制度、保密和知识产权归属制度等明确"双主体"的经费投入与成本分担、师资双向流通与管理原则的各项规章制度。同时,"双主体"产业学院还从理事会、教职工、行业指导委员会、家长、学生中选举成立监事会,负责监督理事会决策,从而形成民主化决策、制度化管理执行和常态化监督。

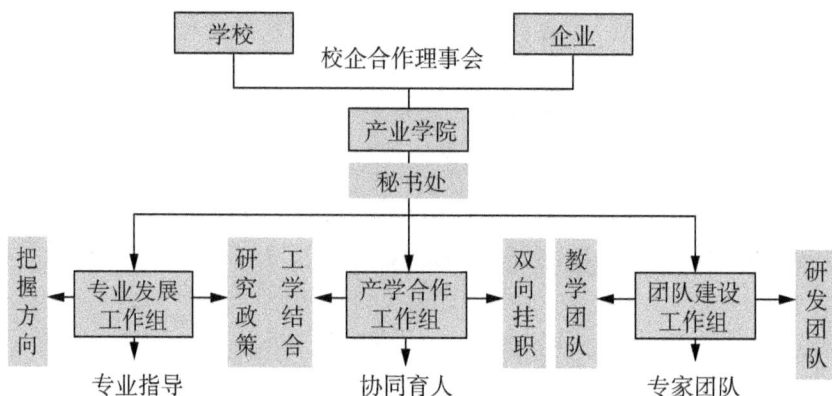

图 3-1 "双主体"产业学院组织架构

（二）校企"双主体"的权责内涵

在"双主体"产业学院中，高校的角色是学科知识的提供者、科研的合作者和教学的组织者，承担着为师生和企业提供良好科研平台、技术团队、师资力量、教学条件、技术培训和制度环境的责任与义务，同时也享有企业人力和社会资本投入所带来的收益。在校企共建中，高校这一主体需要围绕产业需求，在"双主体"产业学院甚至整个高校内部，建立学科专业跟随产业发展的动态调整机制，与企业协同完善人才培养方案的顶层设计，健全师生主动服务企业、推进教师科研成果转化的制度与机制，共同制定"双主体"产业学院校企权责运行规范的章程。不同于传统的校企合作，在"双主体"产业学院中，企业不仅扮演人才和技术需求方的角色，更是投资建设与人才培养的主体、生产性知识与科学技术的贡献者、技术交换与成果转化的享有者。企业承担为师生提供前沿的生产性知识与技术、优质的企业师资、充足的资金投入、良好的实践条件等责任和义务，同时也获得人才培养的话语权、招聘的优先权、科研平台的共享权以及技术转让所带来的经济效益。在校企共建中，企业既需要参与"双主体"产业学院的制度建设和管理运行，又需要以主导者的身份深度融入"双主体"产业学院的专业规划、培养方案制定、课程标准设置、教材开发、教学设计、实习实训、师资队伍建设、实验室建设、质量评价等人才培养体系的各环节和科技攻关的全流程当中，并非在某个合作点上浅尝辄止，而是真正实现全方位、全流程地参与"双主体"产业学院的共建。

(三)"双主体"产业学院的"六共"协同育人运行机制

高校与企业就学生实践与教学达成共识,并制定"双主体"产业学院管理章程,明确学院理事会的职能、成员组成、职责与权利内容等,确定各方主体沟通协调方式和工作规则,遵循"共设专业、共建基地、共培团队、共享资源、共创成果、共育人才"的"六共"协同育人运行机制,形成高校、企业、教师、学生四方联动的共同发展体系,确保人才培养与技术创新顺利开展(见图 3-2)。

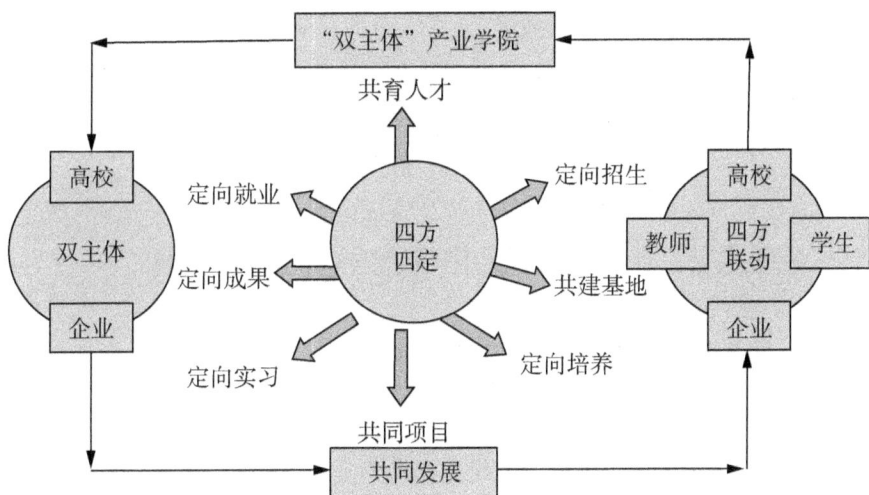

图 3-2 "双主体"产业学院运行机制

以浙江万里学院为例,近年来,学校构建和形成了"双主体"产业学院建设标准、制度规范,突破了传统的专业界限,重新设计人才培养标准,灵活组建课程体系,着力培养多岗位复合型人才,实现人才培养供给侧和产业需求侧在结构、质量、水平紧密对接;协调和整合了校政企资源,实现了"引企入教",形成了地方政府或产业园区、高校、龙头企业的协同育人模式,促进了产教深度融合,有效解决了教育供给侧结构性矛盾,形成了人才共育、就业共担、成果共享的长效运行机制,有效推进了人才培养和区域行业的转型升级。

第四节 "双主体"产业学院的优化发展

"双主体"产业学院既是对原有校企合作和产业学院的组织创新与理念更新,又是为当前国家产业升级与国际高竞争输送高素质复合型人才的动力站。然而,精神性与物质性并存的"双主体"产业学院,其建设与优化是一个复杂、长期、渐进的过程,既需要外部空间环境的保障与支持,又需要高校自身的主体行动来护航。只有从"双主体"产业学院的内外部共同着力,才能生成促使高校与企业双赢、具有实效性与生产性的集人才培养与技术创新于一体的组织机构。

一、"双主体"产业学院优化发展的保障与基础

作为一种新兴组织,"双主体"产业学院的优化需要基于一定的观念与制度保障措施,其为"双主体"产业学院提供适合发展的生态空间。

(一)重视职业技能教育是"双主体"产业学院发展的前提

"双主体"产业学院的发展应当建立在全民终身学习的理念之上,尤其是建立在重视终身提高职业实践技能的观念环境之上。这种理念能够极大地激发公民旺盛的学习需求,也将为"双主体"产业学院提供发展沃土。当前,尽管我国高等教育已经确立了普通高等教育与职业技术教育双线并立的教育系统,但由于"重学术、轻技能"这一传统教育观念的影响,普通高等教育体系中职业技能教育长期得不到重视,尤其是地方应用型本科高校过度重视学术理论教育,一切办学行为向研究型大学看齐,按照研究型大学的学术评价标准来建设学校,造成普通本科教育趋同现象日益明显,高等教育与社会生产生活实际严重脱节,形成大学毕业生找不到工作与市场中高素质复合型人才极度匮乏的二元悖论。这在很大程度上制约着"双主体"产业学院的发展。尽管近年来伴随着知识社会的到来和产业升级战略的实施,社会对高素质复合型人才的需求日趋增加,这为"双主体"产业学院的发展创造了新的契机,

然而,仅靠外部环境的支撑,"双主体"产业学院的建设和优化流于形式、浮于表面。只有公民更新观念,树立终身教育和终身学习的理念,重视自身职业技能的持续提升与进步,"双主体"产业学院才能有更广阔的发展空间。因此,社会重视职业技能教育,"双主体"产业学院的发展才不会成为无本之木、无源之水。

(二)发挥校企融合优势是"双主体"产业学院发展的基础

"双主体"产业学院是对高校原有公办事业单位性质的一种突破与创新。这种突破与创新有助于将产业化运营的优势发挥到极致。"双主体"产业学院可以与企业、各级政府或民间教育组织机构结合为战略合作伙伴关系,致力于将各种不同的利益集团聚集在一起,组成一个密切协作、相互支持、扬长避短、共荣共赢的有机整体。资源整合共享将促成"双主体"产业学院的发展与优化,也将保证各方获益。显然,校企合作既是提高大学生职业技能的最佳路径,也是"双主体"产业学院的根本属性。但现实中,企业完全不同于高校的教育公益性,参与校企合作的动力不足。"双主体"产业学院能够破解校企融合瓶颈,提升企业建设"双主体"产业学院的积极性和主动性,推进深度产教融合。需要明确的是,"双主体"产业学院的资本混合只是深度产教融合的基础,更重要的是通过资本混合促成校企双方形成"命运共同体"。在"双主体"产业学院办学过程中,校企双方可以利用各自的优势资源与治理特色互惠互利。例如,院校可为"双主体"产业学院的发展提供师资与智力支持;企业可为"双主体"产业学院的发展提供资本与职业岗位。"双主体"产业学院只有做到"资本混合、资源整合",充分发挥校企合作的整体优势,才能有长久发展的坚实基础。

(三)开发市场导向课程是"双主体"产业学院发展的根本

"双主体"产业学院的课程应当包罗万象,内容需涉及各行各业,满足不同行业领域劳动者继续学习知识、提升技能的需要。为保证课程的实用性,"双主体"产业学院在课程开发时应重视前期市场调研,专门组建市场调查组,负责市场分析及前景预测。"双主体"产业学院应根据市场调研及时调整课程设置,更新课程内容,满足学习者的需要。只有开发以市场为导向的课程,培养符合市场需求的人才队伍,才能保持持久的生命力,不被社会所淘汰。然而,反观现实,过去普通本科院校课程开发一直沿袭着研究型大学学术训练的思路,即先考虑学校要求,再确立专业需求和学术标准,最后分解为课程标准。这种"由内而外"的学术型课程体系所培养的学生,理论知识扎实,而实践操作能力匮乏,难以满足社会实际工作岗位的现实需求。尤其是在当前我国产业升级进程加速、对高素质技术型人才要求不断提升的背景下,"双主体"产业学院应当规避和摒弃以往学术型课程体系的弊端,努力开发和建构重视职业实践能力提升、以市场为导向的课程体系。这种课程开发应遵循"优先考虑市场(岗位)需要,再确立课程要求,最后再聚合专业要求"的路径。唯有遵循市场导向开发课程,注重市场需求和课程的技能性与实用性,才能使课程具有强大生命力,"双主体"产业学院也才能据此在市场经济的浪潮中立稳脚跟。例如,福建工程学院龙净环保产业学院将龙净环保股份有限公司"烟气治理岛"烟气环保治理综合解决方案作为"一级技术综合课程",按照"除尘、脱硫脱硝、物流输送"三大产品模块分解为三门"二级综合课程",再将机械、电控、信息处理、施工设计、工程管理以及生产组织管理等进一步细化,开发成若干门课程或者教学案例。基于产品的综合课程不再只是某一学科类的知识和技术,而是涉及物理、化学等基础理论以及机械、自动化、信息处理、物流以及项目管理等知识和技术,涵盖面广、知识点多、技术复杂;而细化的技术针对某一门课程,如将电除尘原理作为"大学物理"课程案例,将除尘装备设计作为"机械设计"课程案例等,让学生在理论学习过程中,接触真实的工程应用,增强学习兴趣,提高学习效果。[1] 又如,宁波家政学院以规范制定系列规范化文本促进行业标准化发展,宁波家政学院在制定完成的浙江省母婴护理员和病患护理员职业培训标准的基础上,依据商务部《家政员、师资质等级评价体系》要求,研究开发层次清晰、梯度合理的宁波市母婴护理员、宁波市病患护理员、宁波市家务助理员和宁波市幼儿照护员初级、中级、高级的培训大纲和考核大纲;建立了各级考核试题库,制定科学统一的评分方法;组织编制统一规范、通俗易懂、符合岗位能力要求的各等级培训教材,为宁波市家政服务行业的发展起到了一定的助力作用。

① 刘国买,何谐,李宁,等.基于"三元融合"培养应用型人才:新型产业学院的建设路径[J].高等工程教育研究,2019(1):62-66,98.

(四)吸引多方资本投入是"双主体"产业学院发展的源泉

充足的经费支持是"双主体"产业学院建设与发展的前提条件。政府可采用划拨启动资金、专项经费支持、企业税收减免等多种方式为"双主体"产业学院注资或提供优惠政策。如此,企业和民间教育组织才会加盟"双主体"产业学院,投资"双主体"产业学院相关项目,而"双主体"产业学院保证各合作者都能从中获益,从而激发更多企业的合作热情。应该说,"双主体"产业学院多样的筹资途径和众多的合作者以及混合所有制特征,是推动其发展成为地方应用型本科院校教育品牌的重要突破口。目前,我国"双主体"产业学院虽然也有公有资本和社会资本的混合注入,但政府出资多为财政拨款或税收减免,注资方式单一,也缺少持续注资的可能;而社会资本的投入往往局限于行业协会和数量有限的合作企业。在现有法律层面,"双主体"产业学院无法向投资者分配收益,极大地降低了投资者的注资热情。因此,"双主体"产业学院无论是注资者的数量还是资本的数量均十分有限。"双主体"产业学院要获得长久发展的资金源泉,必须从吸引多方资本投入入手,使政府意识到扶持"双主体"产业学院是其职责,让企业认识到投资"双主体"产业学院能从中获益,进而形成政府统筹管理、社会多元建设的"双主体"产业学院全新办学格局。

(五)实行课程证书融通是"双主体"产业学院发展的方向

产业学院在国外许多国家已经有较好的范例。综观各国产业学院的先进经验,不难发现,实行课程证书融通是未来我国"双主体"产业学院发展的必然趋势。例如,英国产业学院的众多课程都与国家职业资格证书(简称NVQ)的认证相联系。NVQ制度包含5个级别,涵盖了所有职业从新手到高级管理人员的全部知识和技能层次。NVQ是英国劳动者从事某一职业所具备的知识和技能的证明,也是其求职及升迁的资格证,更是企业招录员工的重要依据。产业学院的课程学习与国家职业资格证书认证相联系,确保了课程内容的"含金量",并能够极大地激发学生课程学习的内生动力。反观我国产业学院,其课程仍未与国家职业资格认证挂钩,学生完成课程学习后只能获得学历证书。这种学历证书与职业证书的相脱离既增加了学生的学习负担,又不利于增加社会对高等教育的认可度。2019年,国务院印发的《国家职业教育改革实施方案》明确规定，在职业院校、应用型本科高校启动"学历证书＋若干职业技能等级证书"制度试点。倘若"双主体"产业学院的课程内容与国家职业资格认证相融通，学生通过课程学习既能取得学历证书，又能收获实用的资格证书，这将极大地提高"双主体"产业学院学生在劳动力市场的竞争力，也将大幅提升产业学院的社会认可度。因此，实现课（程）证（书）融通，是未来"双主体"产业学院发展的方向。

二、"双主体"产业学院优化发展的路径与策略

"双主体"产业学院是国家推进产教融合国家战略的基础性保障和高校提升人才培养质量的重要组成部分。合理规避以往产业学院运行过程中可能掣肘其取得实效的诸多问题，科学谋划"双主体"产业学院发展策略，是满足国家战略发展诉求和产业升级需求，确保其获得生命力的必然之举。

（一）明确建设内涵与规范，树立标准基线

混合所有制"双主体"产业学院是高校办学体制和办学模式创新的产物。当前，区域产业日新月异的发展对"双主体"产业学院提出了更高更新的要求。面对这种新常态，要确保"双主体"产业学院取得预期的办学成效，地方应用型高校首先应成立专门的"双主体"产业学院改革试点工作领导小组，以"开放、创新、协同、共赢"为理念，明确"双主体"产业学院的建设内涵，确立"双主体"产业学院的建设规范，为"双主体"产业学院的可持续发展树立标准基线，不断推进"双主体"产业学院的理论研究和实践改革。

一方面，高校要加强理论研究，提高教职员工的思想认识。多样化的高等教育体系必然导致不同层次与不同类型高校办学定位、人才培养目标的差异，同时，各高校的软硬件教育条件、教学理念、文化传统也迥然不同，加之所在区域的产业经济发展形态和程度也截然不同，那么各高校在与企业联合创办"双主体"产业学院时，不可能照搬以往的办学模式，而必须根据区域产业经济的发展状态、自身的办学条件和教学现状、企业的资源禀赋和人才需求等来确定办学定位、目标和方向。因此，高校要在"双主体"产业学院建设前期加强理论研究，组织专家学者、行业企业相关人士共同召开专业调研会、研讨会，综合分析区域内产业、行业、企业的发展状态和人才需求，以

产教融合的"双主体"产业学院为主题,围绕产教协同机制改革、教学模式改革、规范体系建设等诸多内容,更新教育与管理理念,明确"双主体"产业学院的建设意义和内涵,为"双主体"产业学院办学实践、改革创新提供思想基础和理论支撑。

另一方面,高校要科学设计建设规范,确保"双主体"产业学院建设的规格和标准。高校要在前期理论研究的基础上,加强混合所有制"双主体"产业学院的顶层设计,做好建设规划,用制度和规划明确"双主体"产业学院的建设规范化。在此过程中,要重点明确和完善"双主体"产业学院建设的企业参与度标准、生产性知识转移度标准、课程教学标准、教师准入标准、科研业绩评价标准等,严格把关"双主体"产业学院人才培养共同体建设的标准基线。以浙江万里学院为例,浙江万里学院以试点学院改革和"一院一品"建设为抓手,采用循序渐进、试点先行的战略,紧密对接区域产业行业发展需求,借助平台化思维来创建新的"双主体"产业学院。同时,根据区域经济发展的现实需求,对已有的产业学院进行阶段性总结和整合提升,不断完善其发展定位和方向。为了进一步规范共建机制,出台《浙江万里学院产业(行业特色)学院管理办法(试行)》等管理制度,明确"双主体"产业学院建设的产业参与度标准、生产性知识转移度标准、课程教学与实践教学考核标准、教师准入与评价标准、科研业绩评价标准等规章制度,严把"双主体"产业学院创建的标准基线。

(二)完善协同发展机制,构筑保障底线

混合所有制"双主体"产业学院人才培养共同体建设既关系着高等教育的内涵提升,又关系着我国的产业转型升级,是一项具有战略意义的教育创新。利益是产学研各方进行协同创新的纽带,"双主体"产业学院的建设必然涉及多方利益,是一个跨界资源整合的过程,除了需要大量资金资源的投入,还需要建立健全配套支持体系,全方位夯实建设基础。为了更好地促进多元利益主体全力推动"双主体"产业学院的建设,浙江万里学院围绕人才培养、科技创新、社会服务三大主题,从权责利益、管理运行、协同育人、师资培养等方面出台了一系列保障政策,为"双主体"产业学院的有效运行构筑了基础底线,促使"双主体"产业学院成为协同互惠的发展共同体。

1.健全法律法规,为"双主体"产业学院的建设运行"保驾护航"

在全面依法治国深入推行的背景下,混合所有制"双主体"产业学院也要

实现依法办学、依法治教。然而,在我国现行的法律体系中,《中华人民共和国高等教育法》《中华人民共和国民办教育法》《中华人民共和国民法典》等法律法规均没有直接涉及混合所有制办学的条文,这就导致混合所有制"双主体"产业学院在法人地位、资产界定、产权保护、利益分配等方面均无法可依,这也成为制约"双主体"产业学院建设发展的一大因素。国家有必要尽快健全职业教育法律体系,出台规范、鼓励和引导"双主体"产业学院办学的法律法规,为"双主体"产业学院的建设运行"保驾护航"。

2. 以开放办学、共建共赢为主题,探索构建清晰的校企合作权责机制

浙江万里学院从合作主体的权、责、利划分与落实入手,与企业签订合作共建协议,制定利益分配与协商制度、保密和知识产权归属制度、"人、财、物、事"共享政策、激励与约束制度等,明确了责任主体的经费投入与成本分担,保障多元投资主体的权益。如在"互联网+"商学院合作共建之初,签订合作共建协议,明晰学校与企业在人才培养、科技服务等方面的责任、权利与义务。

3. 以高效务实、共谋发展为主题,探索构建多方联动协同的运行机制

浙江万里学院不断完善和健全合作委员会组织架构,成立"双主体"产业学院理事会,由理事会负责制定财务管理制度、人事聘用管理考核制度、师资双向流通与管理原则等规章,同时,制定实践教学细则、联合课程考评办法等教学管理制度。通过规范组织构架和制度建设,浙江万里学院构建起一整套集人才共育、过程共管、成果共享、责任共担于一体的联动运行机制。例如:网易直播学院理事会制定《网易直播学院管理规范(试行)》《实验设备管理规定》《"3+1"实习实践工作管理规范》等一系列制度,这极为有效地使"双主体"产业学院日常运行及设备采购、保管、使用、实践教学合作等环节的工作规范化、制度化。

4. 以协同创新、协同育人为主题,探索建立与产业高度融合的人才培养共同体机制

混合所有制"双主体"产业学院人才培养共同体在推动地方应用型本科高校内涵式发展、增强高等教育内部要素流动、促进多种优势教育资源互补等方面发挥了重要作用。加强混合所有制"双主体"产业学院人才培养共同体建设,构建和谐共生的校企合作战略伙伴关系,是高等教育贴近市场、贴近社会需求、满足受教育者需要、提高复合型人才培养质量的保证。"双主体"产业学院依据产业最新发展需求,共同研制人才培养规格和方案,打造以产业需求为导向的特色化模块课程体系;突破学科思维定式,创新项目化教学内容,将企业核心技术课程融入教学体系,将企业技术及服务的领先优势与高校学科知识教学优势相结合;推进以能力培养为核心的教学方法改革;建立多元化的质量评价机制,最终形成校企协同、工学结合、产学研融合的人才培养共同体机制,打造产业特色鲜明的育人品牌。例如,华为网络学院按企业要求来制定课程标准,设置以培养专门领域的工程师为目标、与职业技能证书考核相结合的模块课程,选用企业最新培训教材,全程由华为讲师在实验室开展教学和评价考核,学生在完成全部模块课程的学习任务并通过工程师认证考核后,能同时获得毕业证书和中高端技能证书。在这种高要求、高规格的培养下,学院毕业生呈现供不应求的状态。

5.以"多元所有、为我所用"为主题,探索师资双向流通与培养机制

浙江万里学院建立了灵活多样的弹性用人机制,强化任务导向的聘用机制,着力解决企业教师进校经费保障和相关待遇问题,吸纳了一批企业优秀人才、行业专家参与课程教学团队和项目研究团队,实现了从以往身份固化到柔性聘用的转变、由重"资格评审机制"向重"岗位聘任机制"的转变。同时,浙江万里学院将应用能力和实践经历视为教师的核心素质,建立从单一学术标准向多元化适用标准转变的教师评价制度,构建以应用为导向的能力提升机制,以项目为驱动,鼓励中青年教师进入合作企业兼职挂职,丰富实践经验,在实现企业技术"保鲜"的同时,也将生产性知识融入科研、教学当中,确保教师企业实践扎实有效。

(三)搭建强有力的衔接组织,延伸发展长线

众所周知,高校与企业是两个完全独立、运行机制迥异的主体。要实现高校与企业的持续合作、共生共荣,则必须在二者之间建构一个稳定的衔接组织。政府主管部门、产业协会、产教合作联盟等机构则是衔接组织的最佳选择。作为掌握大量资源的第三方,政府主管部门、产业协会能够站在更加

客观的立场来推进高校与企业的资源整合,发挥组织推动与指导协调的作用。在"双主体"产业学院发展过程中,高校要立足区域经济的发展需求,不断推进产学研合作,凭借自身的学科平台优势和灵活多变的组织机构来搭建强有力的衔接组织。

1.高校需要进行一系列组织创新,从组织机构层面来全面推进衔接组织的搭建

浙江万里学院设立专门推进和管理产业学院、产业研究院的校地合作部,负责增进学校与政府部门、企业事业单位、产业指导委员会、社会团体等衔接组织的沟通与联络,组织各类产学研合作项目,加强产学研合作平台与基地的建设,开展项目开发、成果转化和产品孵化等工作。

2.建立高校二级组织之间的跨学科组织

建立高校二级组织之间的跨学科组织,以研究区域经济发展中的重大现实问题为主导,借助多学科的协同优势来构建协同创新的研发中心,为企业特别是区域中小型企业的技术创新和新技术应用提供智力支撑,凝结和增强"双主体"产业学院对产业企业的吸引力。浙江万里学院建设了省级临港现代服务业与创意文化研究中心、浙江万里学院科学技术联合会、浙江万里学院社会科学联合会等 13 个研究中心(所)。这些研究机构能够将调查研究的学术成果直接转化为现实生产力,充分体现跨学科组织和多学科协作研究的现实价值。此外,科技创新与社会服务亦是"双主体"产业学院建设的起点和持久动力。为提高"双主体"产业学院的科技创新水平和社会服务质量,浙江万里学院与政府和企业共建协同创新中心、产业技术创新联盟、创新创业园区等校企协作平台,将厚实的科技创新平台作为支撑点来撬动更多的优质企业参与"双主体"产业学院的共建。校企共建平台有四种方式:一是集成校内资源组建平台,集成现有实验室资源,整合组建实验与生产一体化的实验中心大平台;二是引进行业企业入校,设立校内工厂或工作室;三是利用企业技术优势和优越的实验室环境,将平台建到校外企业内部;四是建立校内外"双平台",校内平台致力于行业人才培养,校外平台致力于科研与社会服务。

3.发展能促进"双主体"产业学院校企对接的中介组织

浙江万里学院在"双主体"产业学院建设过程中牵头组建了一批有行业影响力的政产学战略合作联盟、产业技术创新联盟、高水平科技创新团队,通过提高科技创新与社会服务力,集聚合作平台内的企业以及平台外的优质企业,参加更深层次的"双主体"产业学院共建。一是成立职业教育行业指导委员会。由相关部门负责人、行业协会或企业负责人、高校相关负责人等组成,组织开展对行业人才培养规格与规模、专业设置与建设、培养质量监控与评价,以及校企合作与产学协同的指导、协调和服务。目前,宁波市建立了卫生、旅游、电子商务、跨境电子商务、影视动画、纺织服装、健康服务等职业教育行业指导委员会,既有政府的宏观调控、政策倾斜与财政资助,又有企业需求的灵敏嗅觉与反应迅疾的市场化运作,还有以大学为核心的科研机构的智力与技术支持,在产教融合办学体制改革的过程中,职业教育行业指导委员会承担咨询、指导和质量评价工作,主要围绕区域产业发展提供行业发展状况、人才需求等信息,制定职业标准或就业准入标准等,指导高校优化专业结构和人才培养模式。二是组建职业教育专业联盟和产教合作联盟。通过整合全市相关专业的教育资源,发挥校际协同优势,由相关专业自愿参与的互助组织,主要承担相关专业的人才培养工作交流、基地建设、师资培训、项目合作、创新创业与技能竞赛组织、校企合作与调研等工作。浙江万里学院在通过系列组织创新、多学科协同、产学研一体化平台三方并进的方式,借助衔接组织强化对外联系的同时,持续巩固自身优势,提升核心竞争力,以此来提升对外发展的广度和深度,延伸"双主体"产业学院的发展长线。

(四)建立产出导向的评价体系,确保学院发展取得实效

混合所有制"双主体"产业学院办学具有社会化、市场化、多元化等多重特征,由于办学主体多元,各利益相关主体的诉求都会对"双主体"产业学院的建设和运行产生较大影响,因此,"双主体"产业学院在办学方向上需要建立引导规范,同时在人才培养过程中需要进行更严格的监督和约束,建立健全评价体系就显得异常重要。而"双主体"产业学院多主体参与、需求导向的特征决定着其质量评价体系必须打破传统专业学院的评价方式和指标体系,充分体现市场化、多元化、开放化的特点。要建立混合所有制产业学院的育

人评价体系,需要解决好以下三个方面的问题。

1. 协调好利益关系,实现评价主体多元化

混合所有制"双主体"产业学院是由多主体联合举办的,在建设管理过程中,需要各方主体的平等协商、协同共管,那么在评价体系构建的过程中,同样需要充分考虑各利益相关主体的需求,由此就需要推动办学评价主体的多元化。评价主体除了要包含地方教育行政管理部门、高校、企业,还应当包含"双主体"产业学院师生、行业组织和独立的第三方机构,实现对"双主体"产业学院办学和人才培养的多维度、全方位考察与评价。

2. 多维并进,实现评价标准开放化

混合所有制"双主体"产业学院人才培养共同体的建设初衷是培养匹配产业发展需求的高技能人才,那么"双主体"产业学院办学和育人评价标准的设计就应当着重突出人才培养对企业、产业需要的满足程度,同时关注教师科研活动对产业的服务效度。在学生评价中,应当重视学生的学习过程,把学生学习期间知识应用能力的提升作为评价指标;在教师评价中,要摒弃过去一味以职称、论文为导向的做法,要将科研成果的转化率、公益性科技问题解决度、关键核心技术等纳入评价指标。例如,常熟理工学院在教师评优、职称晋升条件中凸显行业企业元素,加大教师与业界合作育人成果权重,把教师的横向课题研究和发明专利技术作为重要指标。[①] 浙江万里学院"双主体"产业学院建立了产出导向的教学与管理评价体系。评价主体更加趋向多元化,尤其强调学生、产业界参与的独立第三方评价;评价标准更加开放化,重点突出人才培养对企业产业需求的满足程度和教师科研活动对产业的服务效度。在教学管理上,浙江万里学院"双主体"产业学院突破仅凭一本教科书、一间教室、一本作业本、一张考试卷评价教学效果的传统教育理念,减少对课程的统一化、标准化要求,鼓励教师开展项目化教学改革,以学生的实际学习效果作为评判依据和标准。学院将科研成果的转化率与公益性、科技问题解决度和关键核心技术等纳入教师评价指标体系,并增列学生课程学习体

---

① 张根华,冀宏,钱斌.行业学院的逻辑与演进[J].高等工程教育研究,2019(1):67-75.

验量表,将学生知识的应用和能力的提升作为教师教学的重要指标来考核。在对二级组织的考核方面,学院对各"双主体"产业学院的监督坚持产出导向,将人才培养质量和科技服务成效与学生的培养过程和发展相结合,共同作为组织评价的核心指标,制定"双主体"产业学院年度考核指标体系,确保"双主体"产业学院健康发展。

3.促进发展,保障评价内容的立体化

混合所有制"双主体"产业学院作为一种新型的校企联合办学模式,在建设发展过程中不可避免地会"走弯路",因而评价产业学院的办学和育人成效,既要注重结果导向,又不能只从结果出发,而要更加注重过程评价,评价内容在与学院办学产出直接挂钩的同时,也要包含学院办学过程中的工作改进和有效探索,以此鼓励"双主体"产业学院教职员工大胆试错、积极创新。

第五节 "双主体"产业学院的实践成果

近年来,浙江万里学院利用灵活的办学体制以及应用型学科专业优势,与政府、协会、龙头企业、国外高校等企事业单位合作共建了一批产教融合、校政企协同共同体,把产业(行业)需求新变化、新要求及时纳入教学内容,突破学科定式,改"学科逻辑体系"为"技术逻辑体系",对相关专业的课程进行产业化、模块化处理,加强专兼结合"双师双能型"教学团队建设,取得了显著成绩,宁波东软数字工场、宁波市跨境电子商务学院就是其中的典型。

一、宁波东软数字工场

加快发展软件和信息服务业,既是落实宁波市"产业争先"发展和推进"246"万千亿级产业集群建设的具体行动,也是争创"特色型中国软件名城"及产教融合试点城市建设的内在要求。宁波市把软件和信息服务业列入"3511"产业体系的重要组成产业,实现了软件和信息服务业量质齐升。

创新驱动,实质是人才驱动。推动技术创新、软件从业者素质提升和企业管理创新,都依赖于人才的支撑,离不开软件人才的培养与储备。目前,宁波软件行业存在的最大问题是软件人才缺口大。主要原因有三方面:一是软件行业技术发展快,新技术新应用不断呈现,软件行业从业人员需要不断更新知识和技能;二是软件企业需要发掘和储备大量的后备力量和新生力量;三是当前软件行业从业人员流动性较大,本地软件人才的数量和素质远远满足不了软件产业发展的需要。

宁波市政府、高新区为了加快IT人才培养,鼓励企业联合高校搭建创新平台,探索校政企协同育人创新。为助力宁波打造特色型中国软件名城,有效解决宁波本土化软件人才缺口的问题,浙江万里学院与大连东软教育科技集团有限公司,依托浙江万里学院现有办学资源,通过嫁接东软数字工场的成功经验,合作建立了宁波东软数字工场。

(一)建设模式

东软教育科技集团有限公司是中国软件信息领域领军企业,在解决软件产业人才培养的热点、难点和痛点中,充分利用自身产业优势和办学实践,将软件产品转化为教学项目与教学资源,将工程师队伍与教师队伍相互融合,打造具有双师型结构与特质的教学团队,将学习与项目化实训紧密结合,将企业真实项目作为实践内容,真题真做,经过十多年的实践探索,形成了东软独有的创新型人才培养模式:东软数字工场。

"数字工场"是一种用于提高学生的实践技能及获得实际工作经验的人才培养模式(见图3-3),它有效整合了学校教育与职业培训,为IT类专业学生学习提供真实的岗位、环境、项目等,打造从大学生定制培养、专业共建、集中训练、顶岗实习到人才输出的完整人才生态链,实现人才培养与产业需求的无缝对接。由数字工场的优秀一线工程师担任授课讲师,以真实项目为依托的理论与实践培训课程,让学生参与到实际项目开发活动,了解并且学习企业的项目经验,提升学生的就业能力,增加潜在就业机会。通过课堂教学与实践教学的培养环节,重点培养学生独立思考问题、分析问题和解决问题的能力,以及动手操作的能力;并且通过职业素质课的教育,引导学生科学合理地规划职业生涯,全方位提高学生就业能力。数字工场已经为东软自身产业以及华为、中信等大型企业,培养了大量适应性强、满意度高的软件人才。

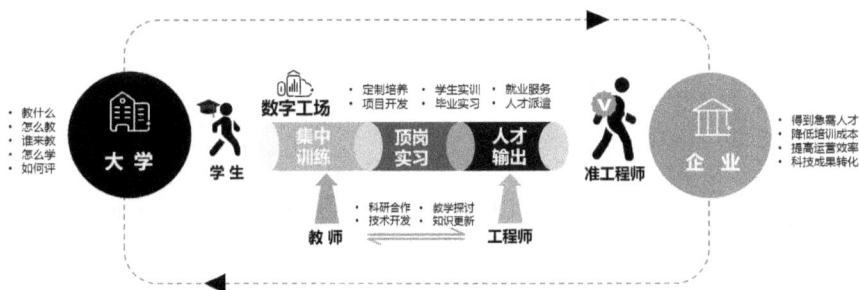

图 3-3　数字工场人才培养模式

东软数字工场通过构建"工业软件＋新兴领域软件＋服务领域软件"特色产业发展体系,共建软件研发与服务中心,聚焦华东地区有一定影响力的IT 中高端人才培养基地和一流的 IT 产业实训平台建设,构建大学生 IT 创新创业项目孵化平台。通过产学研协同融合机制,建立一个大学与企业、师生与工程师互利共赢的良性生态,为宁波的软件产业战略布局、人才供给保障和产学研一体化服务。

东软数字工场与宁波软件协会、宁波软件产业园、鄞州信息产业园、宁波鄞创信息孵化园、甬港数字产业园相关园区及其企业互动合作,参与宁波市软件协会软件人才专门委员会的筹备工作,支持宁波市中小型软件平台建设,与宁波软件协会、宁波软件产业园、鄞州信息产业园等携手举办"东软数字工场 IT 人才招聘会",与宁波金唐软件、国研软件、用友软件、东华软件、百度云智基地、绿盟科技、宁波鑫义、宁波水表、宁波金田铜业、浙江平易等企业互动交流,达成合作意向,未来会深入合作,实现人才输送、科研联合攻关等。

(二)运作机制

东软数字工场由东软在岗开发工程师授课,利用东软产业真实项目"京东行走书店"作为授课素材,依据企业级项目实施流程进行授课。两期 250 多名学员分别历时 4 个多月(450 学时),掌握了真实软件开发的系统流程,积累了企业项目开发的实践经验,增强了自主学习能力和实践创新能力。

1.教学过程

紧密跟踪东软工程师的教学,搭建工程师和学生的桥梁,与东软数字工场管理方探讨课程内容设置,不定期与学员交流(如上课难度、老师上课状态)、与工程师交流(如课程进度、学生的掌握状况),与东软数字工场课程负责老师交流,针对学生的学习效果调整内容;对于不适应教学环境的工程师,及时与东软数字工程管理方进行沟通,帮助年轻工程师成长提升。

2.学生管理

指纹打卡,并建立严格的考勤制度;设置手机放置盒,上课期间将学生的手机撤离;相关管理老师不定期监督学生的听课情况;有效配合各项管理;与学生沟通,引导学生融入课堂,认真听课、做题。

通过严格教学管理过程、教学内容难度由浅入深等安排,学生度过了最初的不适应期,也逐渐适应了每天从8点到17点的高强度学习过程。多数学生很珍惜在数字工场的学习氛围,长时间写代码的习惯已经建立起来,不少学生惊叹自己也能从"小白"成长为"小码农"。一些原本学习成绩一般、学习态度欠佳的同学,进入数字工场后发现能学到一些有用的专业内容,学习积极性有很大提高、学习劲头足;优秀的学生非常珍惜数字工场的学习阶段,学习更刻苦、成绩更优异;自主学习能力比较强的学生,针对老师讲解的内容,主动钻研,积极思考,已经具备一定的项目基础,对软件相关行业有了进一步的认知。还有一部分学生,成绩虽未名列前茅,但通过努力,也有很大进步,时常与老师探讨学习、就业相关问题,对自己的职业规划也越来越清晰。

3.服务企业人才需求

东软数字产业学院从2019年11月底开始通过邀请大型制造业、重点软件公司进校、进班宣讲和招聘。学生也主动参加社会招聘、综合招聘会和"东软数字工场IT专场招聘会",60%以上的学生获得了不同企业的实习机会,一些企业本身抱着试试看的态度来学校,招聘期间改变看法,对学生赞赏有加。

4.推进产科教融合项目研究

东软数字工场积极推动产科教融合,承担了浙江省高等教育"十三五"人才培养项目"产教融合育人模式下计算机类课程教学改革研究"等项目;与校企合作,承担横向课题24项,获得经费支持1308万元。

(三)展望未来

浙江万里学院通过与东软教育合作,采用数字工场人才培养模式,拓展了省外、市外优质学生资源,提升了 IT 人才培养质量,有助于宁波市创建"特色型中国软件名城",有助于提升大数据学院、智信学院的相关学科和专业的人才培养、科研攻关、服务社会能力。

1.提高教师实务能力,适应项目化教学要求

作为应用型本科高校的教学,特别是 IT 类学科,更需要紧贴市场、紧贴最新技术,而不少教师已经习惯了一门课程的固有教材、教学案例、教学计划,形成了一定的惰性。东软数字工场教学模式的开展,让教师意识到,如果不深入企业、不紧跟企业级项目的实施,所授内容与实际脱节,就会被学生和市场淘汰。在数字工场人才培养模式下,教师放下架子,重新学习,跟随企业及一线工程师,掌握最新技术和专业理念。随着数字工场授课方向的增加,高校可以组织多个产教融合的师资团队,与企业一线工程师联合进行学生培养与科研攻关。

2.政府要全面支持,助推校企合作培养

宁波东软数字工场,计划建成华东地区一流的软件产业实训基地、大学生软件创新创业项目孵化平台、软件研发与服务中心,为宁波市输送高质量、大规模的实用性软件人才。政府要结合宁波市软件产业园区、鄞州信息产业园、宁波鄞创孵化园、甬港数字产业园的发展,推进企业和学校的战略合作,实现校企联合人才培养、科技服务、创新创业有效落地。

宁波东软数字工场一直积极主动与各园区、企业进行交流,未来,合作范围会进一步扩大,如宁波的各类工业软件的龙头、大型制造业的信息化部门等,吸引产业园区及企业进入浙江万里学院、进入数字工场,共建实验室、共享实验平台。同时,将企业人才需求传导到学生培养中,联合设置课程共建特色班;与企业工程师一起进行科研活动,联合开展课题申报、科研攻关;由企业创业导师引领学校师生创新创业,将优秀的创业案例变成实际的企业孵化。

宁波东软数字工场,将推动宁波形成产业规模更大、集聚效应更强、竞争

力更突出、人才结构更合理、辐射带动效应更明显的软件和信息服务业发展格局。

二、宁波市跨境电子商务学院

宁波市跨境电子商务学院是宁波市教育局和原宁波市口岸打私办联合发文成立的,是宁波市首个由跨境电商行业主管部门发起成立的行业特色学院,同时也是全国首家在市级层面成立的校政企协同的跨境电子商务学院。学院立足人才支撑、服务支撑和智力支撑的创新机制,为其他行业学院提供了借鉴。

(一)建设模式

学院在宁波市教育局、市商务局等有关部门领导下,在宁波市跨境电子商务职业教育行业指导委员会的指导下,整合在甬相关院校教学教育资源,深入与各级跨境电商产业园建立紧密联系,加大与相关龙头企业合作,围绕做好办学体制机制创新、人才培养模式改革、大力开展人才培养培训等方面工作,力争打造成集"人才培养培训、协同创新、创业孵化和咨政服务"为一体的跨境电子商务行业合作平台。

1.建设原则

在规范组织构架和完善制度建设上,学院从组建行业指导委员会、理事会、产学研企业联盟等方面进行顶层设计。宁波市跨境电子商务职业教育行业指导委员会对宁波跨境电子商务人才的培养规格与规模、专业设置与建设、培养质量监控与评价、校企合作与产学协同进行指导与协调。产学研企业联盟则为实习实训基地建设、双师型队伍建设提供保障和支撑,校企共同开展项目研究,提升服务跨境电子商务产业能力。

2.建设任务

第一,创新办学体制机制。组建由宁波市教育局、宁波市口岸打私办、宁波市商务委、浙江万里学院等部门领导组成的理事会,实行理事会领导下的院长负责制。在宁波市跨境电子商务职业教育行业指导委员会的指导下,由浙江万里学院牵头,相关高校协同,实行开放式办学,开展人才培养、社会服务、研究咨询等服务。

第二,开展跨境电商特色人才培养。依托浙江万里学院及在甬高校涉及信息技术、广告、法律、外语、外贸、视觉传达设计、电子商务、物流管理等与跨境电商相关的学科专业优势,发挥市跨境电商等行业主管部门、跨境电商龙头企业的资源优势,校政企协同办学,以跨境电商需求为导向,开展跨境电商特色人才培养。

第三,开展跨境电商专项培训。根据跨境电商主管部门、行业企业对岗位人才的需求,在行业指导委员会的统筹下整合在甬高校、政府、企业等各方资源,构建若干个产学研教师团队,设置跨境电商物流与供应链、跨境电商数据分析、跨境电商运营与管理、跨境电商法律服务、跨境电商外语、跨境电商创业等专项培训项目,开展面向企业的跨境电商岗位培训。

第四,支持大学生跨境电商创业孵化。建立跨境电商代运营与创业孵化中心,在为传统企业提供跨境电商服务的同时,对学生进行项目孵化;为跨境电商创业的大学生提供物流、产品、指导帮扶等服务,成为大学生跨境电商创业的孵化基地。

第五,开展跨境电商智库建设。遵循市内与市外相结合、理论与实践相结合、业内与业外相结合、高端与实用相结合的原则,组建宁波市跨境电商智库,为政府及相关部门提供决策服务和政策建议,打造成为宁波市跨境电商研究中心与政策咨询智库。

3. 师资与基地保障

学院以浙江万里学院物流与电子商务学院作为落地的实体单位,其教学团队则由校内的电子商务等专业教师和校外企业导师采用"混编制"组成。学院实训基地建设成效显著,在保税区以及北仑区、鄞州区、海曙区、江北区等区域,汇集了跨境电商进口、跨境电商出口、传统外贸企业等实习基地100余个。

(二)建设成效

宁波市跨境电子商务学院建立以来,取得了显著成效。如,一批学科被确定为重点建设学科,系列成果获宁波市第十一届高等学校教学成果奖,一批基地获评省级产教融合示范基地,一批教学改革研究项目获准立项;特别值得称道的是,浙江万里学院、浙江工商职业技术学院、浙江纺织服装职业技术学院3所高校入选全国跨境电商专业人才培养首批示范校,推动了宁波市跨境电子商务人才培养,推广了宁波培养经验,产生了全国影响力。

1.创新人才培养模式,精准培养跨境电商紧缺人才

浙江万里学院面向全校所有专业实行跨专业二次招生,实行"2.5＋1.5"培养模式,与企业建立跨境电商"豪雅班""无境班""eBay班",与保税区人才办建立"跨境电商保税区班",与毕业生创立的公司建立"跨境电商学长班""外语＋"跨境电商等4个跨境电商特色班,先后共招收学生652人。宁波大学科技学院与阿里巴巴、慈溪网商协会、宁波豪雅集团、深圳321电商协会等签订实践实训基地协议,为学生进行一线岗位实习、培训、就业和创业孵化等提供服务。宁波职业技术学院与"雷度·北创"跨境电商产业园、考拉海购签订校企合作协议,2019年8月完成建设北仑跨境电商学院和宁波无尾熊科技有限公司的"考拉海购校园实训中心",该中心是考拉海购在国内高职院校设立的首个校园实训中心。

2.引进跨境电商龙头企业,共建人才培养体系

2019年3月,eBay"E青春"人才培养项目落户浙江万里学院,这一项目通过E导师、E课堂、E工场、E职场4个重要模块为跨境电商人才培养提供从行业辅导、教材支撑体系到行业实践和职场对接的全方位支持,为行业培育兼具专业知识和实际操作经验的电商人才。2019年6月3日,该项目落户宁波职业技术学院。

"亚马逊全球开店101·时代青年计划"在浙江万里学院和宁波职业技术学院正式实施,220余名学生参训。该项目致力于通过学校和企业合作,向学生提供一体化、系统化、规范化、紧密贴合市场需求的亚马逊出口电商培训,积极应对出口电商行业蓬勃发展过程中出现的人才短缺的挑战,为跨境电商产业培养和储备专业的新生力量。

3.加大跨境电商实践基地,推动大学生创业孵化

宁波市跨境电子商务学院联合浙江国贸数字科技有限公司、eBay等单

位,充分利用行业资源,与浙江万里学院教务部、创新创业学院联合举办 eBay "E青春"跨境电商创业班,积极探索跨境电商人才成长的办法与路径。浙大宁波理工学院与宁波豪雅集团在校内共建"跨境电商人才培养孵化基地",为电子商务专业创业方向学生以及国贸、物流、英语等相关专业有志于进行跨境电商创新创业的同学提供了一个实训、交流、孵化的平台。宁波大学科技学院和宁波豪雅集团、乐歌集团、爱凯国际贸易有限公司订立校企合作协议,建立高水平跨境电商创业孵化基地。宁波职业技术学院开设创业班多期,已经孵化学生创业团队一个,注册资金100万元。

宁波工程学院成立宁波跨境电商孵化学院,通过整合高校和企业的优势资源,自主培养和用好本地人才;宁波财经学院与宁波电商经济创新园区开展了战略合作,与宁波市爱凯国际贸易有限公司、宁波市达文西网络科技有限公司、宁波弗恩克服饰有限公司等开展校企联合培养实习工作;宁波城市职业技术学院与 Wish、洋葱海外仓等企业签订战略合作协议;宁波职业技术学院与数字科技园区、阿里巴巴中供拍档橙启网络科技有限公司共同出资150万元,建设了具备多功能、占地面积1000平米的北仑跨境电商海享电商梦工厂。

4.举办跨境电商培训班,不断提升跨境电商水平

宁波市跨境电子商务学院组织管理宁波市教育局共3批7所高校应届毕业生跨境电子商务紧缺人才培训班,组织学生校内培训,共计16个班次,培训640人;组织"宁波市跨境电商B2B业务运营流程和技能培训""宁波市跨境电商业务管理高级研修班""宁波市江北区跨境电商发展创新主题研修班"等18次,参加培训4720人次;组织3期"订单式"捷克语特色班,培训学生420人;组织跨境电商学术研讨会、跨境电商沙龙、校园讲座等60余次,受众1500余人。

5.举办各类跨境电商学术研讨会、沙龙

主办各类跨境电商学术研讨会、沙龙12次,如全国跨境电商产教联盟年度会议、全国高校电子商务及法律专业联盟第五届年会、全国跨境电商产教融合高峰论坛;承办宁波市社科界学术活动之"跨境电商人才培养""跨境电商产业发展"等专题研讨会。2019年7月、2020年8月,宁波市跨境电子商务

学院分别主办了跨境电商发展与人才培养、跨境电商产教融合研讨会,参加会议的有教育部电子商务教学指导委员会委员、宁波市商务局领导、宁波跨境电商智库专家等。

6. 跨境电商人才培养经验在全国的影响不断扩大

浙江工商职业技术学院、浙江万里学院等牵头成立的全国跨境电商产教联盟在全国的影响越来越大,分别成立了川渝分联盟、江西分联盟、东北分联盟等。2018年12月,宁波职业技术学院成为全国跨境电子商务综合试验区职业教育集团首批副理事长单位之一。

7. 开展跨境电商研究,做好政府决策咨询的助手

积极开展跨境电子商务研究,关注跨境电子商务发展最新动态,主动承接各级职能部门关于跨境电子商务的课题研究。先后完成了"'一带一路'背景下宁波跨境电商与物流协同发展研究""跨境电商 B2B 发展现状、存在问题与对策""宁波市跨境电商产业开放式创新发展战略研究"等课题 50 多项。每年征集智库专家决策建议稿 5 篇以上,其中《供应链整合视角下浙江省跨境电商公共海外仓运作机制与推进路径研究》《宁波跨境电商发展过程中亟待解决的问题及对策》《完善海外仓生态体系,打造海外仓宁波品牌》等决策建议稿得到领导批示或部门采纳。自 2018 年以来共编撰《宁波跨境电商》21 期,每期字数在 2.5 万以上,在《宁波跨境电商》上共刊登智库专家文章 20 篇。

(三)建设启示

1. 体制机制创新是关键

宁波跨境电子商务学院为行业特色学院建设提供了范例。校政企协同育人的宁波市跨境电商学院,是全国市级层面首家跨境电子商务学院,在集聚政府、高校、行业教育教学资源以及在跨境电商人才培养、职前职后培训、大学生创业孵化、咨政服务于一体方面,积极进行体制机制创新,受到商务部领导的高度评价,并得到指示继续加强实践探索,为国内其他跨境电商综合试验区提供借鉴。

2.培养模式创新是核心

组建跨学院跨专业特色班,培养交叉复合型跨境电商人才。面向全校所有专业大三学生实行二次招生,采用"2.5+1.5"培养模式,毕业论文强调真题真做,采用企业导师和校内导师双指导。学校教务部门负责学生跨学院跨专业的学分审核及课程对接方案,在学生毕业时按个性化培养方案进行毕业(学位)审核。

3.创新创业教育路径创新是途径

构建起"创新创业教育→参加多种形式创业训练→跨境电商创业孵化→跨境电商实体创业"的创新创业人才培养途径。创业训练路径如参加各类创新创业大赛、学科竞赛、国家级和省级大学生创新创业训练计划,引进亚马逊、eBay 创业实训基地,入驻创业孵化园、跨境电商代运营中心等,指导学生在校期间注册实体企业,学生创业成功率高。

第四章　产业研究院的路径探索

产业研究院是融合了技术研发、成果转让、技术推广和人才培养等于一体的新型研发平台,是实现产科教融合的有效途径。从内涵来看,产业研究院以产业共性技术和关键技术为研究对象,以行业技术集成创新、产业化应用为目标,通过整合政府、企业、高校、科研院所等多方资源,集中不同机构具有相应科研专长的人才在"一个屋檐下"突破关键难题,实现区域内的协同创新,推动高新技术产业化、产业结构升级以及区域经济与社会持续发展,并具有技术研发创新、科技成果转化、企业孵化、人才引进与培养等多方位的功能。

与大学和国家实验室等传统研发机构不同,产业研究院在以下几个方面具有全新的特点。

第一,"新"在投入方式上。相对于传统研发机构依赖政府大量长期投入的方式,产业研究院的投资主体多元化,投资者包含政府、高校、科研院所、企业、风投等多个渠道,实现经费来源的多样化,摆脱了"政府是投入主体,领导是基本观众,得奖是主要目的,仓库是最终归宿"的旧模式,实现了"研发面向市场需求、成果对接产业关键、价值共创、收益共享、风险共担"的新模式。

第二,"新"在功能定位上。政、产、学、研、金、介、用协同创新,以产业关键共性技术为研究重点,结合产业需求和市场需求,融合科技金融及科技中介的创新服务,具有较强的行业属性和应用导向,同时能够开展较为持久的针对性研究,政、产、学、研、用合作的紧密度高、有效性强,是产业技术的集成平台和产业创新型人才集聚与培养的平台,也是创新型企业的孵化器。

第三,"新"在运作模式上。市场化运作,养事不养人,没有"铁饭碗",以市场研发需求和市场导向设人设岗,团队的集成性、开放性和动态性很高,通过岗位聘用、兼职、讲学等方式不拘一格聚集高端人才;竞争性的绩效管理制度形成内生创新激励机制,同时消除唯职称、唯学历、唯论文的痼疾。

第四,"新"在管理机制上。产业研究院一般采用理事会制度,形成了"出资人—理事会—院长"的三方治理结构,拥有独立经营管理权和人事管理权,产权关系明晰,政府可以通过理事会体现决策意图,但不能直接干预,产业研究院在科研方向选择、研发战略制定、科研活动开展、人才引进与培训等方面完全拥有自主权,无须主管部门批准。

综上而言,产业研究院集聚了产业、行业、高校院所、政府、企业及其他社会力量多方面的综合优势,可作为当前我国在建设创新型强国时期开展新技术革命机会窗口期的有力抓手,也为产科教融合背景下建设应用型高校提供了一种可行性路径。我国自20世纪90年代即已出现对产业研究院的探索性建设,据不完全统计,国内现有的产业研究院已逾数百家,主要以地方政府推动建设为主,其名称有"产业技术研究院""工业技术研究院""技术研究院"等多种,本书采用更具概括性的"产业研究院",将结合国内外理论研究与建设实际,对其兴起的背景、依据的理论、发展历程以及国内外成功案例等做详细探讨,同时以宁波海上丝绸之路研究院、浙江万里学院宁海海洋生物种业研究院作为研究案例,为宁波市推进建设产业研究院提供决策参考。

第一节　产业研究院兴起的背景

自 20 世纪 90 年代开始,随着我国社会经济和各项事业的飞速发展,我国高等教育规模不断扩大。与此同时,关于高等教育体制改革的呼声也在不断增加,高等教育发展现状与我国经济社会发展不相适应,高校重"学"而不重"术",重理论研究而不重成果转化。中国工业经济联合会会长、工信部原部长李毅中指出,我国的科技成果很多,但是转化率不高,最高在 30% 左右,而发达国家是 60%~70%。[①]

《国家中长期科学和技术发展规划纲要(2006—2020 年)》提出全面推进中国特色国家创新体系建设,要建设以企业为主体、产学研结合的技术创新体系,并将其作为全面推进国家创新体系建设的突破口,同时,建设科学研究与高等教育有机结合的知识创新体系和各具特色与优势的区域创新体系。《国家中长期教育改革和发展规划纲要(2010—2020 年)》和《国务院办公厅关于开展国家教育体制改革试点的通知》均倡导高校拓展与企业、地方科技合作的路径和方式。

在国家顶层设计的推动之下,近年来很多地方高校开始积极转变思路和观念,将培养应用型人才作为人才培养的重要目标,将服务地方经济社会作为自己的办学目标,在产教融合方面进行了许多探索;而企业则在自主创新与产学合作方面作出许多探索。但从目前发展状况来看,仍存在不少问题:一是高校科研成果未形成对全产业的辐射与影响,订单式合作不稳定。只是

[①] 李毅中.我国科技成果转化率不高的重要原因是缺乏投资[J].科学中国人,2021(3).

按照单个项目在进行合作,项目结束,合作也随之结束,并无持久性的关注和投入,更不用说对一地区一产业一行业形成有力辐射和影响。二是政府缺乏干预或参与过度。很多合作都只是在高校和企业之间进行,政府缺乏参与和政策引导,企业顾虑多,高校转化积极性也不够;而在另外一些行业中,政府又过度参与,企业"骗税""骗补"扰乱市场秩序,也败坏科研风气。三是高校技术供应与企业需求信息不对等。在企业需要某方面技术转让的时候,找不到可以合作的技术供应方,而高校在申请到相关专利或知识产权之后也不知道可供转让的需求方。四是高校研究随机化、难转化。众多应用型高校目前仍然以论文数量、项目数量为主要考核依据,教师的关注点大多集中在学界所重视的方向,而不是针对某个行业亟须解决的问题而展开,产—科之间结合度低。这样的研究成果或过于超前或实现条件过于苛刻而无法完成转化,造成浪费。五是成果转化未形成全流程化。从目前的知识产权申请来看,申请一项专利约需要两年,费时费力,这对急需转化的企业而言无疑是一道鸿沟。同时,很多高校尚未对成果转化等行政审批手续作出简化处理,成果最后成功转化往往"最少跑一次"。六是企业自身研发投入能力不够,而与高校的合作往往是"头疼医头脚疼医脚"的短期性研究,为能够尽快实现营利,企业对投入多、周期长、风险高的项目积极性不高,或者倾向于直接从国外购买现成的生产技术,在"落后—引进—再落后—再引进"的老路上周而复始。七是部分地区产业经济发展状况与科技创新体系不匹配,优质高等教育资源缺乏,地方院校科研实力不强,人才培养与区域产业需求脱节,科—教、产—教之间结合度低,使得企业在转型升级中严重缺乏科研创新力量的支撑和人才补给。

上述问题说明,政府、高校、企业作为政、产、学、研、用合作的关键主体,几乎都未能走出各自的逻辑,也缺乏一个中立、高效、公益的载体,其中企业作为国家技术创新体系建设突破口的主体,整体创新能力不足,难以承担起技术创新的主体责任;提供科技成果的高校,也同样面临转化难、产学合作层次浅的问题;而产业与高校之间,也没有找到很好的合作切入点,总体上呈现为市场失效、政府失效、研发失效的状态。

基于此,建设产业研究院,是在高校、科研院所与企业产业之间搭建科技桥梁,打通政、产、学、研、用之间的壁垒,将基础研究、应用研究和科技成果转化与推广之间连接起来,探索发展一种符合科技发展规律和社会主义市场经济要求的创新平台。对于高校而言,开展校际合并或者争取更多的财政投入已经变得不太现实,通过产业研究院的建设,不仅能有效盘活其现有资源,还能促进其新兴与交叉学科建设,提升科研实力和服务地方的能力,并增强对创新型人才的培养力度,为高校健康发展提供"第三条路";对于政府而言,通过名校大院吸引更多人才是一条非常有效的策略,但对于缺乏优质高等教育资源的地方政府来说,靠大量投入带动本地区高校或者吸引名校大院设置分校区的办法短期之内难以奏效,产业研究院不仅能降低政府财政投入,更能引导地区内产业布局,帮助政府推动区域技术创新体系建设;对于企业而言,加大产品研发力度和科研投入不仅受到成本限制,对于一些具有潜在市场前景但有风险的技术又难以付诸投入,产业研究院则在相当程度上弥补了这一空白。

2016 年发布的《关于印发"十三五"国家科技创新规划的通知》中提出,要培育发展面向市场的新型研发机构,围绕区域性、行业性重大技术需求,形成跨区域、跨行业的研发和服务网络。2019 年科技部就"新型研发机构"专门印发《关于促进新型研发机构发展的指导意见》,将推动新型研发机构健康有序发展作为提升国家创新体系整体效能的重要内容。这为产业研究院的建设提供了顶层制度指导和保障。

第二节　产业研究院构建的理论基础

一、区域创新扩散理论

美国学者贝里(B. J. L. Berry)在考察城市体系在区域经济发展中的作用后,提出区域经济发展的创新扩散理论。[1] 在贝里看来,城市中心在发展中的作用包括两方面的内容:一是创新的渗透作用,使经济增长通过城市等级而逐渐向下传播;二是增长利益的扩展作用,包括从核心区往腹地扩展、从大都市中心向城市外围区扩展两个方面。贝里认为,经济增长起源于企业和家庭

---

① 中国社会科学院经济研究所. 现代经济词典[Z]. 南京:凤凰出版社,江苏人民出版社,2005.

对创新的采用,区域不平等则是由于创新的收益效应为时间的递减函数,并受扩散的门槛、范围所制约。因此,城市中心本身即能起到一种"发展作用",因为它们能强烈地影响不同地方创新采用时间的先后顺序,而经济变化的影响将按城市等级顺序,由高级城市中心逐渐传播到低级城市中心。因此,创新在大范围内的等级扩散及其横向扩展,将带来城市与区域的经济增长和收入提高,或者说经济增长源于创新通过城市等级顺序的向下渗透,以及创新向城市周围腹地的横向扩展。

区域创新扩散理论给我们许多政策方面的启示:其一,要促进区域发展就应加速创新的扩散,从而使创新逐渐渗透到贫困地区及小城镇;其二,如果城市中心创新潜力的大小与其本身规模及接触创新中心的机会相关,那么应采取的政策措施是促进外围地区城市中心的人口增长,并增加其同最大或最早的创新中心接触的可能性。

二、产业共性技术理论

产业共性技术的概念被明确提出是在 1990 年开始实施的美国先进技术计划(ATP)中,它指一种有可能应用到大范围的产品或工艺中的概念、部件、工艺或科学现象的深入调查。根据美国学者泰奇(Gregory Tassey)的界定,产业共性技术不同于基础技术和专有技术,它是将基础研究阶段获得的科学知识推向市场应用的第一步成果,其研究在本质上是以应用为目的,并且先于企业或行业开展竞争性的开发活动,是后续的应用研究和开发的基础,属于技术基础设施的一部分;其服务范围更广,对整个行业或产业技术水平、产业质量和生产效率有很强的带动作用,能产生比较明显的经济效益和社会效益。[①]

20 世纪 90 年代以后,产业共性技术理论在发达国家的技术政策中产生重要影响,其以集中资源、突出共性和突破重点的政策理念,首先在我国科技政策中被予以重视。自 1992 年发布的《1991—2000 年科学技术发展十年规划和"八五"计划纲要》中针对机电一体化、轻工产品等具体行业提出共性关键技术的概念,在随后的"九五""十五""十一五""十二五"科技发展规划中逐步成为全行业科技发展的任务,工信部于 2011 年、2013 年、2015 年、2017 年先后印发了《产业关键共性技术发展指南》(下文简称《指南》),与此同时,该

---

①　韩元建,陈强.对共性技术概念的再认识[J].中国科技论坛,2014(7):127-132.

理论逐渐在学术界得到广泛研究和讨论。

从该理论的研究层面来看,产业共性技术分为产业间共性技术和产业内共性技术。产业间共性技术属于公共层面的技术,为多个产业提供技术平台;产业内共性技术则为本产业服务,为所在产业内的多个企业提供技术支持。从创新类别来看,产业共性技术分为产品共性技术和工艺共性技术。产品共性技术是为一系列产品提供技术保障;工艺共性技术是对原有工艺所采取的改进以及可扩展服务于多个产业的工艺技术。

从产业共性技术的重要性角度来看,又可分为关键共性技术、基础共性技术和一般共性技术,其中关键共性技术是对整个国民经济有重大影响的技术,这类技术影响面最广,经济效益和社会效益最明显;基础共性技术是指测量测试和标准等技术,这类技术为产业技术进步提供必需的基础技术手段;其他的共性技术被称为一般共性技术。

从工信部 2017 年发布的《指南》来看,产业关键共性技术是能够在多个行业或领域广泛应用,并对整个产业或多个产业产生影响和瓶颈制约的技术,是一项长期的基础性工作,其研究难度大、周期长。在《指南》中,围绕制造业创新发展的重大需求,共提出各行业亟待解决并能够取得突破的关键共性技术 174 项,其中原材料工业 54 项,装备制造业 33 项,电子信息与通信业 36 项,消费工业 27 项,节能环保与资源综合利用 25 项。

在这样的背景下,对该理论的研究和实践,对我国产业发展的意义非常深远,除了国家通过财政资助一批关键性和基础性的共性技术研发,对于一般共性技术,则更需要企业、高校和科研机构共同合作来推动。

三、技术转移理论

关于技术转移理论,目前尚未形成完善统一的体系。美国学者布鲁克斯(H. Brooks)最早对这一概念进行了界定,他认为技术转移是指由一些人或机构所开发的系统合理的知识,通过人们的活动被其他人或机构所采用的过程;哈佛大学的罗森布鲁姆(Nancy L. Rosenblum)认为,技术转移所采用的路径与技术起源完全不同,是一个获取、开发和利用技术的变动过程,他强调技术转移并不是机械地从一处挪到另一处,而是在转移过程中重视技术与环境的适应性;日本学者小林达也认为,技术转移广义上是指人类知识资源的再分配;根据《世界经济百科全书》,技术转移是指构成技术三要素的人、物和信息的转移。从这些不同的定义中可以看出,技术转移都强调知识由输出方到接收方的流动过程。[①]

技术转移的方式有多种:从内容来看,可以是一次性完整地引入技术全部内容或者某一部分的关键工艺与设备;从技术载体来看,可以是通过实物如机械设备,也可以是通过专利、工艺等知识型信息,还可以是通过科技人员的直接流动进行技术转移。

专利制度对技术转移有着制度性保障。作为知识生产组织的高校、科研机构,其科研成果一般以学术论文的形式发表;而企业等经济生产组织则追求经济利益,强调技术专有和市场前景,注重技术在生产中的应用性。专利制度则在二者之间搭起了一座桥梁,确保二者的合理分工,使高校可以将活动的焦点放在技术商业化的前端部分,而不必关注技术商业化的整个进程;企业等将焦点放在技术商业化的后端部分。随着《中华人民共和国促进科技成果转化法》的修订实施,高校以及科研院所等一大批事业性质的法人团体可以作为主体进行技术及专利的转让,需要有更合适的载体推进成果及技术的转移。

不管一个地区的技术发展水平达到什么程度,其技术的工业实际应用总是落后于科学研究的发展水平,同时,地区之间的技术水平也存在差异并且处在持续的变动之中。这种现状凸显了技术转移的合理性和必要性,技术转移不仅能促进地区性技术的发展,也能缩小区域之间的差距,带动整体产业链的技术水平的提升。

四、协同创新理论

协同创新理论可以分为"协同"和"创新"两个部分。美国学者迈尔斯(Miles)等人指出,协同的预期结果是相对明确的,未来回报的分配可以事先协商,强调的是目标的一致性[②];熊彼特(Joseph A. Schumpeter)指出,创新是把一种新的生产要素和生产条件的"新结合"引入生产体系,包括新产品、新

---

① 吕薇.创新驱动发展与知识产权制度[M].北京:中国发展出版社,2014.

② 卢晓中,等.协同创新:一种新高等教育质量观[C]//潘懋元.中国高等教育评论(第3卷).北京:教育科学出版社,2012.

生产方式、新市场、新供应来源、新组织形式五种情况①。二者合而为一，则是指企业、政府、高校等作为核心参与者，投入各自的优势资源和能力，以知识增值为核心，以实现重大科技创新、提高生产力为目标，共同进行技术开发而开展的大跨度整合创新组织模式。

协同创新理论的意义在于将协同思想引入创新过程。创新过程中，各主体在发挥各自作用、提升自身效率的基础上通过机制性互动使创新活动产生质的变化。协同创新能够有效聚合多方面的力量，互补共促，从而更好地实现共同的目标。更加具体地说，区域协同创新也就是一定地域内的企业、大学、科研院所，发挥各自的优势资源和能力，在政府的引导下，在科技服务中介机构、金融机构等相关主体的协同支持下，共同进行技术开发活动，解决困扰区域经济社会发展的问题，促进区域健康发展。

五、"三螺旋"模型理论

该理论于 20 世纪 90 年代中期由埃茨科威兹（Henry Etzkowitz）和雷德斯多夫（Lost Leydesd）提出，用于分析知识经济时代大学、产业和政府三者之间的新型互动关系。

"三螺旋"模型理论认为，在以知识为基础的社会中，大学以及科研院所成为主要知识资产，在知识经济具有比传统社会更高的价值，其作用与政府及产业不相上下。在成熟的创新区域内，科研院所与大学通过其组织结构最下层的研究中心、科研小组以及个人等建立起与市场经济活动良好的接口，在区域内发挥了强大的技术创新辐射作用。当以大学为代表的学术界与产业部门、政府等创新主体凝聚在一起后，每个主体既保持独立的身份，又交叉扮演另外二者的角色，表现出另外二者的一些能力，大学、产业和政府都可以成为创新型的领导机构，形成既相互影响又螺旋上升的"三螺旋"关系，以此实现资源的共享和信息的充分沟通，实现各自效益的最大化。

该模型是大学、政府和产业以经济发展需要为纽带，打破各自的边界，通过组织的制度性设计和结构性安排，构建的三方合作发展的最佳形态。它区别于由政府主导的由上而下的改革，也不是单一的由下而上的大学和企业的

---

① 熊彼特.经济发展理论：对于利润、资本、信贷、利息和经济周期的考察[M].何畏，等译.北京：商务印书馆，1990.

自发行为,倡导通过三条螺旋线的协同互动,推动知识、行政和生产的有效结合,在将知识转化为生产力的过程中,各参与者共同推动创新螺旋的上升,促进价值创新目标的实现,从而促进区域经济发展。

在产科教融合背景下,上述理论对推动产业研究院建设具有重要意义(见图4-1)。一方面,产业研究院立足于地区,就区域内具有一定前景的产业共性技术进行开发和研究,为产业内的企业在研发投入和风险方面减轻了负担。另一方面,产业研究院通过技术转移,将新技术辐射扩散到整个区域,促使传统产业的厂商进行产业技术升级;通过共性技术的研发转变产业结构,利用前瞻性技术衍生孵化出高新技术企业,以技术和人才的扩散流动实现产业转型,从而提升整体产业的技术水平,与此同时,又可以进一步推动科学研究工作。企业、高校院所和政府等多方力量的协调与合作,使产业研究院能产生"1+1＞2"的协同效应。

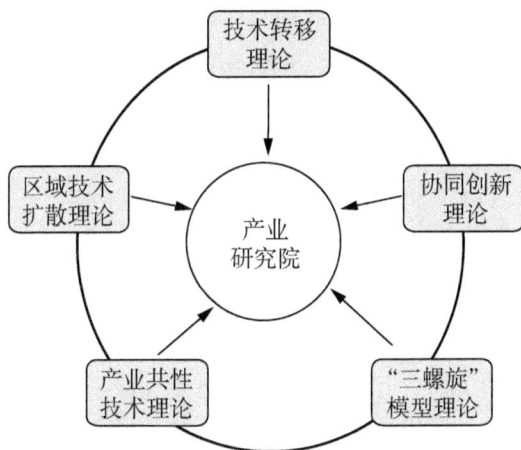

图4-1　产业研究院建设理论依据

第三节　产业研究院的国内外实践

产业研究院的建设并不是千篇一律的,国外在理论探索、实践发展层面都领先于国内,有着更为长久的历史和更丰富的经验;国内自20世纪90年代开始建设产业研究院,在技术研发、运行管理等方面作出许多探索。

一、产业研究院的国外实践

海外产业研究院最开始是以产业实验室、工业实验室等形式出现于 19 世纪中后期的德国,后来在美国得到蓬勃发展,是发达国家极其重要的科技制度创新,被称为"发明的工业化"。100 多年来,产业研究院极大提升了德国、美国等国家的工业创新能力和竞争力,成为发达国家的创新引擎,这源于产业技术研究院对产业关键共性技术的研发以及对科技成果转化过程中的共性问题的成功解决。

目前,世界科技强国都在对高校、科研机构进行改革创新,并加快设立新的研发机构,以弥补基础研究和应用研究与产品开发之间所存在的技术缺口,希望借助公共科研机构和产业界的协同创新,为企业提供近距离技术支撑和服务。本书以德国弗劳恩霍夫应用研究促进学会、美国国家标准与技术研究院、日本产业技术综合研究所等为例,考察其机构设置、管理理念与方式以及绩效评价模式等。

(一)德国弗劳恩霍夫应用研究促进学会

德国弗劳恩霍夫应用研究促进学会(Fraunhofer-Gesellschaft,FhG)是德国最著名的四大研究机构之一,也是欧洲最大的从事应用研究方向的科研机构,于 1949 年建立,以德国著名科学家约瑟夫·冯·弗劳恩霍夫命名。

目前,该研究机构下设 75 个研究所和其他独立研究机构,遍布德国,拥有约 26600 名员工,大多是科研人员和工程师,主要开展健康、安全、通信、交通、能源和环境等领域的研究,每年研究经费总计超过 26 亿欧元,其中超过 22 亿欧元来自科研合同,约 70% 的研究经费来自工业合同和由政府资助的研究项目,国际合作范围广泛。

FhG 的宗旨是将科学技术转化为可供人们利用的产品,其研发直接面向产业界,并力求一以贯之,直到产品达到商业化阶段,所以也就产生大量具有应用前景的专利,其中享誉世界的 MP3 数字音频压缩技术即是 FhG 的专利产品。

从法律地位和机构性质上来看,FhG 属于独立的非营利机构,不隶属于任何一个政府部门,在日常运营中不受政府部门的干预,拥有完全的自主权;政府部门提供其基本的运行经费,协会的各个研究所通过竞争取得政府的科研项目。同时,该协会不以营利为目的,但可以进行有收入的、与科研工作有关的活动,取得的收入不能用于出资人和机构人员的分配,而是用于事业的再发展。作为非营利机构,按照德国的相关法律,该协会享有税收优惠。

从管理体制来看,理事会是 FhG 的最高决策机构,由会员大会选举产生,成员主要来自政府、科技界和工商界。其中科技界人士均为世界知名科学家或特定领域的资深专家,工商界人士则一般为全国性经济团体的代表或著名企业的经营管理者。理事会大概 30 人,任期 5 年,日常工作由主席和联邦政府任命的一位常务理事主持。

此外,FhG 还有会员大会、执行委员会、学术委员会和高层管理者会议等与理事会构成管理机制,其中执行委员会是日常管理机构,由主席和另外 3 位全职委员组成;学术委员会则是 FhG 的内部咨询机构,成员由各研究所所长、研究所高层管理人员以及各个研究所选举出来的科研代表组成;高层管理者会议是 FhG 管理和运行的协调机构,由执行委员会成员和 7 个学部的负责人组成,他们参与执行委员会的决策制定过程,并拥有对执行委员会的工作提出建议和意见的权利。

研究所是 FhG 的基层单位,也是研发项目实施的基本单位,大多设立于全国各地的大学之中,实行所长负责制,通常从所在地的大学教授中选聘,这样既便于科技人员直接参与高校的教学活动,尤其是硕士、博士等高层次人才的培养,实现科研人员的知识更新和后备力量的选拔,也能通过研究所与大学的直接交流充分利用其科研资源,降低研发项目的成本。

各研究所实行固定岗和流动岗相结合的人事管理,只有在研究所连续工作 10 年以上的骨干科研人员才能获得固定岗职位,其余人员按照 3～5 年的合同聘用;两类人员享受不同的薪酬待遇,前者执行国家公务员工资标准,后者则按照合同的规定付酬。

成为科技和工业界的桥梁,促进新技术在德国工业中的应用,并使企业界和学术界之间的合作制度化,是 FhG 自 1949 年成立以来一直遵循的使命。它要求各研究所为企业及各方面提供科研服务,并采取“合同科研”的方式,这些合同经 FhG 法律部核定生效后,研究所以承包方式承担科研项目,对于一些复杂的系统项目,研究所之间也可以联合解决。为了使协会下属的研究所牢牢坚持为企业服务的宗旨,许多研究所的所长还直接担任一些大企业的董事或研究与发展部的主任,这在一定程度上保证了技术成果顺利地向企业转让,并且它把有无工业资助作为衡量一个研究所成功与否的标志,所以研究所一旦失去了工业资助,就将被关闭。

(二)美国国家标准与技术研究院

美国国家标准与技术研究院(National Institute of Standards and Technology,NIST)的前身是1901年的美国国家标准局,1988年更名为美国国家标准与技术研究院,同时增加了高新技术规划部和扩大生产合作部,逐步将产业共性技术研发作为其核心功能,负责美国全国计量和标准的研究、开发与管理工作,属于美国国家所有、国家管理的大型科研机构和管理机构,在美国经济发展和技术创新中居于重要的战略地位。

NIST在美国国家科技创新体系中居于纽带和桥梁作用,主要承担着美国应用基础研究和产品、工艺开发的研究,通过4个方面的合作来实现其使命:一是通过NIST实验室,主要从事国家技术基础设施的研发;二是实施波德里奇国家质量计划(NQP),提升美国制造业、服务公司、教育机构、医疗保健等的生产性能;三是实施制造业扩展合作计划(MEP);四是技术创新计划(TIP),与MEP都明确把资助和服务对象定位在中小企业,同时将资助方向定位在国家急需发展的技术创新领域,对传统的政府资助和市场自发研究形成有力补充。

NIST设有主任1名,兼任美国商务部副部长,另外专门设有首席科学家和首席财务官等职务。现有科学家、工程师、技术支持及管理人员等各类员工7000多人,其中包括5位诺贝尔奖获得者。2019年,NIST的经费预算达到9亿多美元,国立研发机构的性质保证了权威性,其经费中90%左右来自联邦政府,这也使其能够尽可能实现政府的意愿,成为一个集管理、组织研发等职能于一身的公共机构。

NIST内部机构分3个模块:一是实验室,共设有5个实验室(通信技术实验室、制造工程实验室、信息技术实验室、材料测量实验室、物理测量实验室)以及2个研究中心(中子研究中心和纳米科学技术中心);二是创新与产业服务部,包括国家质量计划部、生产扩展合作部和技术创新计划部;三是管理资源部,包括采购与协议管理办公室、安全健康与环境办公室、信息系统管理办公室、设施与物业管理办公室、财务资源管理办公室以及人力资源管理办公室。每个模块都设有职员办公室。

委员会和董事会是NIST的权力机构,设有先进技术访问委员会

(VCAT)和2个管理与安全委员会,其中VCAT负责在政策范围内审查并提出研究院的一般政策、组织、预算和计划,提交年度报告给国家商务部;管理与安全委员会则负责对管理结构和管理系统进行高级别研究,并对调查结果进行评估和跟踪。

通过计量和标准方面的服务,NIST更加了解市场的需求,使得研发更有针对性,也使其研发成果更容易在市场上实现产业化。此外,不管是由其自主研发,还是通过技术创新计划的杠杆作用所带动的企业研发,都紧紧围绕能源、环境、先进制造、卫生保健、物理基础设施和信息技术等6个急需发展领域展开,加之明确的定位使其平均效益成本比率高达44∶1,这就不仅带来了产业共性技术的持续突破,也增强了政府持久投资的信心。

(三)日本产业技术综合研究所

日本产业技术综合研究所(National Institute of Advanced Science and Technology,AIST)是现今日本最大的国立公益性研究机构,其前身是成立于1948年的日本工业技术院,2001年由原属于该技术院的15个机构合并成立为现在的产业技术综合研究所。日本工业技术院的科研方向以基础研究为主,为战后日本产业经济的兴起和发展作出了贡献。AIST成立以来,重点进行共性技术的研究,在日本新兴产业的可持续发展,地方工业界、学术界和政府联系的加强,以及日本技术政策的制定等方面,都发挥了重要作用。

AIST实行独立法人制度,按照企业模式运作,理事长和监事是AIST的最高层,理事长是法人代表,总理研究所所有业务,监事负责业务监察,构成一种积极互动平衡的关系,二者都由主管大臣任命,具备一般公共研发机构所不具备的柔性和高效率。

在理事长之下,研究组织构架按照任务属性可分3类:一是研究中心,负责推动具有学术、技术、经济或者社会影响和明确任务导向的课题研究,拥有研究资源优先投入权,研究期限一般为3~7年;二是研究部门,保持连续性的行动,以实现AIST的中长期战略;三是研究室,负责促进行动的具体研究项目,特别是那些跨领域的项目。

AIST在管理机制方面主张自主化,不同的单位按照研究计划可以进行合并、调整,从而确立了灵活、高效的研究体制。但作为前沿性和战略性课题研究主体的研究中心也不是常设机构,AIST每年要请专人对中心的各项工作情况和资金进行评价审核,一旦发现项目没有进展、偏离了原来的目标或不适应国际发展趋势,研究中心关联部门即被取消。

AIST 在大学与企业界之间扮演桥梁角色,连接从基础研究至新产品开发的全方位研究。AIST 特别注重共性技术的开发及其成果转化,在专设技术转让机构,即 AIST 创新中心,享有 AIST 的专利"独占实施权",负责以技术转让合同、专利实施许可合同、共同开发和委托开发等形式,将高新技术出售给有意购买的相关企业,使研究机构与企业之间的技术转移更为顺畅,实现技术转移机制一体化。

在人才管理机制方面,AIST 开放的人才机制使其具有很大的自主权和开放性;在研究经费上,引入差别工资和浮动工资制度,研究所每年的经费由理事长统一管理,研究人员要通过课题申请和竞争来获取经费。此外,在与国内外交流方面,AIST 十分注重政、产、学、研等部门之间的网络构建,充分利用国内研发资源,邀请大学教授担任客座研究员,并吸纳大量博士生及博士后研究员,既利用了大学丰富的智力资源,也成为人才培养和吸纳后备人才力量的重要方式。同时,AIST 注重国际交流,不仅与世界一流研究机构及大学合作研究,而且积极推进科研人员的国际交流,通过"请进来、送出去"的方式,确保对先进技术和新型共性技术资讯的掌握。

AIST 目前的主要研究领域分别是生命科学、信息电子、纳米科技和机械制造、能源环保、地质海洋、标准和计测等六大科技领域。其中,能源环保属于需要政府提供长期性支持的项目;地质海洋、标准和计测属于造就经济可持续发展的共性技术项目;生命科学、信息电子、纳米科技和机械制造属于提高产业竞争力的核心技术项目。

二、产业研究院的国内实践

从研究层面来看,国内对于产业研究院的关注和研究,分 3 个时期:第一个时期是 1999—2010 年,这一时期我国产业研究院比较少,只有台湾工业技术研究院(ITRI)因其独特的运行体制和对台湾 IT 产业的深广影响,成为学者主要关注和研究的对象。第二个时期是 2011—2014 年,这一时期受到《国家中长期科学和技术发展规划纲要(2006—2020 年)》和《关于深化科技体制改革加快国家创新体系建设的意见》两个文件的影响,我国产业研究院的概念开始形成并得到发展,"自主创新""产业集群""战略性新兴产业""资源整合"等成为研究热点,讨论范围涉及产业研究院的基础、核心、管理与结构等。

第三个时期是 2015—2019 年,中共中央、国务院于 2015 年印发《深化科技体制改革实施方案》,"科技企业孵化器""国家自主创新示范区"等成为新兴研究热点,使我国产业研究院的研究更加翔实与丰富。

从实践层面来看,我国产业技术研究院建设大致起步于 20 世纪末期。1996 年,清华大学与深圳市政府合作共建深圳清华大学研究院,成为我国第一个产业研究院。1998 年,北京市政府与清华大学组建北京清华工业开发研究院。2005 年,陕西省政府与西安交通大学等高校和省内企业共建陕西工业技术研究院,国内先后建立起一批产业研究院,作为我国政、产、学、研、用体系借鉴国外经验的先行者和示范者。2006 年,国家提出要将以建立企业为主体、产学研结合的技术创新体系作为深化科技体制改革的突破口,获得各级政府推动,大学、科研机构、企业等积极参与,广州中国科学院工业技术研究院、江苏省产业技术研究院、昆山市工业技术研究院、中国科学院宁波工业技术研究院、上海紫竹新兴产业技术研究院等一批产业研究院应运而生,并随着国家后续出台的鼓励科技成果转化和产学研合作的政策而逐年增加。据统计,河北省 2015 年建有 28 家产业研究院,至 2016 年则达到 39 家。① 全国产业研究院数量也在不断扩大,至 2019 年达到上千家。随着 2019 年科技部《关于促进新型研发机构发展的指导意见》的实施,产业研究院迎来新一轮建设高潮。

综观国内产业研究院的发展,除了规模不断壮大,在地理位置上呈现出从东部向中西部地区延伸的趋势,江苏、四川、重庆等地建设产业研究院的数量增长很快;在产业领域,除了专注新材料、石墨烯、机器人等前沿产业,产业研究院的关注点也向农业、海洋渔业等传统领域拓展。

这些已建成的产业研究院,影响比较大的有深圳清华大学研究院、江苏省产业技术研究院等;也有一些仅是某些大学的内设机构,并不开展共性技术的研发,既无场地又无研发团队;有些只是企业挂出来的牌子,并无实体机构。以下我们选取几个比较有代表性的产业研究院作简单介绍。

(一)深圳清华大学研究院

深圳是我国在产业研究院方面布局较早的城市,建立于 1996 年的深圳清华大学研究院(以下简称深清院),是深圳市政府与清华大学共建的正局级事

---

① 河北省科技厅.河北科技年鉴 2016[M].石家庄:河北人民出版社,2017.

业单位,双方共同投资 8000 万元,其中清华大学投资 2000 万元,双方各持 50％股份,实行企业化方式运作,只有 20 个编制和 3 年事业津贴,3 年后要完全走向市场。

深清院在建设初期摸索出"四不像"理论:既是大学又不完全像大学,文化不同;既是科研机构又不完全像科研院所,功能不同;既是企业又不完全像企业,目标不同;既是事业单位又不完全像事业单位,机制不同。在该理论指引下,深清院推行理事会领导下的院长负责制,下设技术创新部、资产管理部、国际合作部、教育培训部等 6 个部门,另建有 1 个博士后科研工作站,新材料与生物医药、新能源与环保技术、电子信息技术、光机电与先进制造、宽带无线通信 5 个研究所和 1 个培训中心。

在实验室建设机制上,研究院探索同步组建"实验室(或研发中心)与产业化公司",把市场作为配置创新资源的关键要素,成果考核由市场效益衡量;在项目投入机制上,由技术专家、投融资专家共同参与,发明人、责任人带头投入;在用人机制上,突破事业单位编制限制,没有了"铁饭碗",用股权和市场化的薪酬水平吸引国内外高端创新人才;在激励与规范机制上,坚持"研发团队分享技术股权,管理团队合法持有股权",制定了《深圳清华大学研究院技术投资管理规范》《深圳清华大学研究院兼职高端技术人才管理条例》等文件。

深清院致力于组织实施重大科研项目产业化,以"公司＋实验室(或研发中心)"的模式在研究院体系内培育孵化一大批创新科技成果。累计孵化企业 2600 多家,培养上市公司 25 家;在珠三角地区成立了一批创新中心及孵化基地,打造了科技创新服务平台,成立科技担保、科技小贷和科技租赁公司,依靠专业的金融管理团队和科技专家团队,用投贷结合、投保结合等创新方式为科技企业提供多层次、多元化、全方位的科技金融综合服务。

为更好地实现引进来、走出去,深清院布局海外,先后创立北美(硅谷)、英国、俄罗斯、德国、以色列、美东(波士顿)、日本等 7 个海外中心,引进国际人才和高水平科技项目,促进优质成果在国内转化、带动相关学科领域和产业创新发展。

此外,深清院教培部作为研究院负责教育培训的专业部门,开发了一整套培训体系,课程内容涉及公司治理、高层管理、员工素质、学位提升等模块,课程类型涵盖工商管理、资本运作、产业地产、金融理财、人文修养等。同时,根据个性化需求,还提供专业的企业内训、管理咨询、案例研究等服务。在必修课程之外,定期举办"紫荆大讲堂"等高峰论坛,邀请国内外专家学者、成功企业家和各界名人做专题学术报告,帮助学员不断完善自身的知识结构。

20多年的发展,深清院形成研发平台、人才培养、投资孵化、创新基地、科技金融、国际合作等六大功能板块互动发展的新局面,把"成果产自厂房"转变为"成果产自大楼"。深圳清华大学研究院累计投入9亿多元,成立了面向战略性新兴产业的70多个实验室和研发中心,拥有包括国内外院士(7名)、"973"项目首席科学家(5名)在内的数百人的研发团队,多支队伍获高层次人才团队资助。

(二)上海产业技术研究院

上海产业技术研究院(以下简称上研院)成立于2012年8月,主要致力于为上海市共性技术研发、促进成果转化和产业引领提供统筹与支撑服务。

目前,上研院聚焦于智能制造、信息通信、生命健康和绿色能源4个领域,先期启动了大数据应用及服务平台、智能化产品创新中心、智慧交通研发服务平台、集成电路设计服务平台、3D打印研发服务平台、新型半导体照明应用试验平台、锂电池中试及产品检测平台、机器人应用系统创新中心、国家重点工程配套产品产业化基地、临床医学转化研究中心、高通量基因测序服务平台、智能建筑及节能研究中心、生态综合治理工程研究中心等13个研发与服务平台的建设。

在项目组织上,采取3种模式:一是"依托产研院",即主要依托上海产业研究院专业技术研发实体组织实施;二是"引入产研院",即以项目方式引进创新研发团队,进入产研院开展集中技术攻关,项目完成,创新团队离开产研院,实现人才的柔性流动;三是"产研院委托",即通过合同方式,委托产研院以外的机构协助研发。

在项目的产出上,形成从前瞻性研究、应用技术研发到成果转化和产业化的技术链;通过吸引金融和产业资本、争取政府资助等形式对技术链的各个环节进行支持。尤其是金融资本作为产研院的主要投入形式之一,早期参与项目的确立和研发,一旦研发获得成功,这些金融资本能够满足应用技术成果后期转化和产业化的资金需求。技术链和资金链的有效联动,降低了金融和产业资本的投资风险,提高了科技成果的转化效率。

此外,上研院还致力于建设成为"一个最具影响力的创新智库",包括跟踪国内外产业技术发展趋势,做好发展战略、规划、路径的研究,为政府部门提供咨询意见;做好技术领域情报资料的收集分析,为企业、科研机构、投资机构等提供知识产权、行业发展咨询、技术研判等服务;研究适合上海产业技术发展和区域创新体系建设的体制机制与组织模式,为深化和完善创新体系建设提供基础。

(三)江苏省产业技术研究院

江苏省产业技术研究院(以下简称江苏产研院)成立于 2013 年 12 月,为江苏省属事业单位,实行理事会领导下的院长负责制,理事会由政府的一部分领导与企业、高校的领导构成。

理事会下,江苏产研院作为总院,下设有专业研究所和产业技术创新中心。对于专业研究所,产研院采取加盟和共建等方式组建。加盟制研究所从省内有较强研发和服务能力的独立法人机构中遴选而出;共建制研究所则由江苏产研院牵头与地方园区、人才团队共同建设,各研究所都是独立法人,自主运行。

在管理体制上,江苏产研院在建设之初即着手破除制约科技创新的思想障碍和制度藩篱,采取了 4 项改革。

第一,采用"一所两制"。江苏产研院同时拥有在高校院所运行机制下开展高水平创新研究的研究人员和独立法人实体聘用的专职从事二次开发的研究人员,两类人员实行两种管理体制。"一所两制"举措的实施,特别是独立法人实体的建设,充分调动了地方和企业的积极性,大大促进了高校院所研究人员创新成果向市场转化,同时也对高校院所体制机制改革,特别是教师评价考核机制的改革起到了积极的促进作用。

第二,采用"合同科研"。实行新的评价机制,突破以往财政支持方式,不再按人员编制和项目分配财政经费,而是根据研究所横向合同科研、纵向科研、衍生孵化企业等科研绩效开展综合考评,建立与产研院功能定位相协同的年度经费资助计算方法,强化研发的市场导向,发挥市场在创新资源配置中的决定性作用,克服了转制院所技术不转让、无法带动企业和产业发展的弊端。

第三,采用项目经理制。通过"引进来",围绕产业需求,以市场化方式和国际化视野,面向全球招聘专业化领军人才,赋予项目经理组织研发团队、提出研发课题、决定经费分配的权力,集中资源,着力攻克重大关键技术。不仅如此,江苏产研院还积极"走出去",组建以研究院为中心、海外代表为节点的全球创新资源网络,甄选顶尖人才和重大项目,先后建成硅谷、哥本哈根等 8 个海外代表处,与哈佛大学、伯克利大学、牛津大学、弗劳恩霍夫应用研究促进学会等 30 多所国际知名高校和研发机构进行战略合作,集聚大量全球创新资源。

第四,采用股权激励。作为独立法人的专业研究所,江苏产研院拥有科技成果的所有权和处置权,其鼓励科技人员通过股权收益、期权确定等方式更多地享有技术增值的收益,实现研发人员创新劳动同其利益收入的对接。股权激励以研发为产业,以技术为产品,将科研成果由"纸"变"钱",实现在科技研发上不与高校争学术之名,在技术推广上不与企业争产品之利,充分激发了科研人员的创新活力和创业热情。

体制机制上的创新引爆了技术创新集群式的突破。截至目前,江苏产研院在先进材料、生物与医药、能源与环保、信息技术、装备制造等产业领域有 56 家专业研究所,科研人员有 10000 余人,其中,项目经理有 156 余人,累计转化成果 5500 多项,衍生孵化企业 1000 余家,实现研发产业产值 200 亿元。

(四)台湾工业技术研究院

台湾工业技术研究院(以下简称台湾工研院)创立于 1973 年,目前是一家具有国际声誉的应用研究机构,拥有 6000 位研发人员,以科技研发、带动产业发展、创造经济价值、增进社会福祉为任务。台湾工研院是台湾新兴产业人才培养的摇篮,被称为"台湾总经理制造机"。

应该说,台湾工研院的起点并不高。其创立初期的注册资金来自地方政府投入和企业捐赠,其技术研发方式主要有 3 种:自主研发、技术引进和合作研究。自主研发注重前瞻性和共性应用技术的研发。通过调查企业的实际需求、邀请产业界及学界的代表参与评审等方式,以产业需求确定研发项目,以技术为出发点成立研究单位,比如为环保技术成立防污中心,为通信技术成立电通所等。技术引进则是非常重要的一个方式,20 世纪 80 年代,台湾工研院引入美国无线电公司的集成电路技术,经吸收、消化和改进之后扩散到产业领域,有效促进了台湾半导体产业从无到有的形成与发展;21 世纪初,台湾工研院将纳米技术引入当地传统产业,为这些传统企业迎接外部挑战、加入新兴电子和光电子产业提供了机会。此外,台湾工研院注重与知名高校以及重要机构联合开展课题攻关,与全球 150 多个机构建立了合作关系,将研发基地延伸到大学的实验室。通过整合政界、学术界、产业界以及国际资源等优势要素,台湾工研院逐渐完成从技术购买者、产业跟随者到产业引领者的转变。

台湾工研院的组织结构非常明晰,其核心业务机构中的 6 个研究所和 10 个研究中心,以研发事业、技术服务、专业服务三大支柱业务组建。其中,基础研究所进行核心技术的研究,显示中心、晶片中心、太阳光电中心、医疗器材中心以任务为导向,目标明确、灵活机动性强;连接中心则主要整合行政服务、技术转移等部门,为台湾工研院提供综合性服务。

台湾工研院的项目研发始终以产业为导向,专注于关键技术研发和新产业孵化,紧密将国际产业发展趋势与台湾当地企业的技术需求结合起来,做企业想做但做不了的事情,或者想做不敢做的事情。目前,台湾工研院在半导体、电脑及其零配件、汽车引擎、平板显示材料技术等领域担当了台湾新技术的引进者和开拓者。

对台湾工研院而言,技术扩散与技术研发同样重要,甚至可以说更加重要,这也使其保持了旺盛的活力。其技术扩散的方式有三:与一个或多个企业就某个具体项目进行研究,成果为企业所用;将某一完整技术连同关键人员一并转入以该技术为主而成立的公司当中;通过孵化中心,为符合条件的企业提供场地和初始投资,企业经营成功后将一部分股权或者捐赠作为对工研院的回报。

面对万物联网、人工智能无所不在的新时代,台湾工研院制定了"2030 技术策略与蓝图",将研发方向聚焦于"智慧生活""健康乐活""永续环境"三大应用领域,以创新科技的研发,谋求人类社会福祉,为产业社会带来更美好的未来。

第四节　产业研究院的功能和体制机制

有人认为,产业研究院脱胎于事业单位,但没有固定拨款和人员编制,源于大学又不承担学历教育任务,实行企业化运营但又不直接生产产品,从事科研又没有具体部门下达课题。产业研究院因其所解决的问题属于公共技术,一般由政府、高校、企业或其他科研机构共同建立,这种在新兴产业发展、经济结构转型等背景下应运而生的新型研发组织,既不是纯粹的科研机构,也不是企业,更不是政府部门的派出机构,而是集合科研、产业和教育等于一体的有机整体,并随着产业链的链式创新扩散、产教科融合生态创新服务体系完备建立,形成一个"热带雨林式"的创新生态系统。

正是这些与以往研发机构不同的特点,使其成为一种以市场和产业需求为导向、以成果应用为目的、投管分离、自负盈亏的非营利性新型研发机构,这些外化的特征,究其根本则源于其多元的投入主体和清晰的功能定位。

一、产业研究院的多元主体

产业研究院的主体是指在研究院建设和运行中发挥功能作用的个人与组织,也是产业研究院的利益相关者,主要包含三类——政府、高校院所和企业,此外还有提供专业服务的金融机构和科技中介(见图 4-2)。

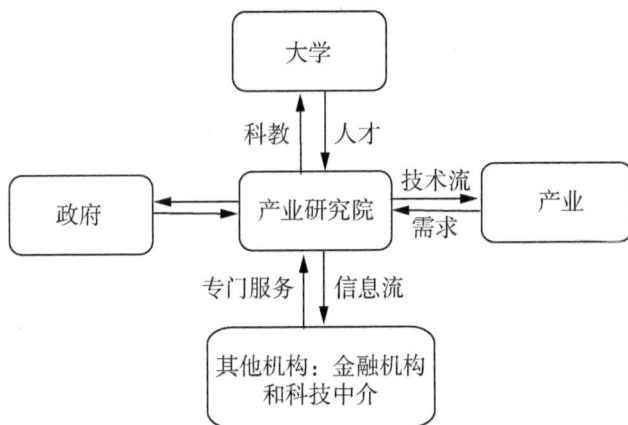

图 4-2　产业研究院的多元功能生态流

(一)政府

产业研究院是行业产业公共技术的研发者,属于区域创新体系的重要一环,地方政府一般是产业研究院在规划建设、运营管理、监督评估等方面工作的推动者和执行者。产业研究院的建立一般是基于地方产业需求,由当地政府牵头引导高校院所或龙头企业建立并投入研发,最后通过技术推广带动产业发展的过程。地方政府在其中发挥了项目的设计者及引导者的功能,引导其他主体共同参与,积极合作,最终通过产业升级、产业聚集和区域经济发展实现受益；同时，政府通过制定政策法规，成为创新所需政策环境以及创新生态的构建者。

第一，政府是产业研究院的重要扶持者和资助者。建设产业研究院需要进行资金、设备和场地的投入，政府通过各种方式和手段为研究院提供支持；产业研究院提供的产业共性关键技术，具有公共产品及服务的属性，也需要获得政府资助才能有效避免"市场失灵"。

第二，政府是产业研究院的监督者和评估者。由政府投入的产业研究院，必然也要接受政府的监督和评估。政府会定期或不定期地对研究院的发展状况进行调查并开展绩效评估，以此作为后续支持的重要依据。

第三，政府还可以作为产业研究院的重要客户，即技术和服务的购买者和消费者。产业研究院从事的关于产业共性关键技术的研究，往往很难由单个企业来支付和买单，为保证研究的持续进行，政府可以作为技术和服务的购买者，一方面为产业研究院从事的研究提供纵向科研经费支持，另一方面也对行业市场产生拉动作用，并将研究成果应用于产业的改造升级和新兴产业的培育。

（二）高校院所

高校院所指的是高等院校和科研机构，是科技资源的重要提供者，尤其是地方应用型高校，在区域创新体系中有着极其重要的作用，在服务对接区域产业中，高校院所可以向产业研究院提供各种软硬件科技资源，并且通过科技资源供给甚至是跨区域的供给，促进自身科技成果的转化。

第一，科技成果。高校院所是我国科技成果的重要供给方，高等院校尤其是知名的工科院校可以通过校地合作建设产业研究院，为平台提供大量的科技成果，通过成果转化带动产业和区域经济发展。

第二，基础研究实验室、科研仪器设备、试验场地、图书馆、资料室等硬件设施，以及国家重点实验室、工程研究中心等科技机构资源。高校院所拥有丰富的实验室和科研仪器设备资源，可以为校地合作产业研究院提供硬件支撑。

第三，文献资料、理论数据等科技信息资源。科技信息资源也是高等院校的重要优势资源，通过与地方合作建设产业研究院，可以将高校的优势资源与地方的产业资源进行嫁接，提升高校资源的利用效率。

第四，科技人才资源。高校院所拥有丰富的科技人才以及较高学术造诣的专家学者,通过建设校地合作产业研究院,可以将人才资源转化为产业资源和金融资源。

第五,文化资源。高校院所大多拥有厚重的文化底蕴和长期的文化积淀,通过产业研究院的建设可以实现高校文化的传承和传播。高校院所在参与产业研究院建设中既充分发挥自己的功能和作用,又在与地方政府和行业企业的合作中更好地实现其科学研究、人才培养和服务社会的职能。

(三)企业

企业作为产学研深度融合的科技创新体系中的主体和关键环节,在校地合作的产业研究院建设中的作用是不可替代的。

第一,企业是科技成果的需求主体。产业研究院承担着行业共性关键技术的科技创新和成果转化的职能,是科技资源的供给方,政府纵然可以通过购买公共服务的方式购买部分技术和服务,但最终的需求主体仍然是企业,最终服务的对象也是企业。

第二,企业是产业研究院平台的供给主体。随着企业科研能力的提升,企业并不一定仅以需求主体的角色存在,企业的实验室、工程技术中心、仪器设备等硬件资源以及了解市场需求和市场运行规律的人才资源也是平台资源的重要来源。产业研究院的平台上不但可以实现政府、高校、企业等不同类别主体资源的整合和交换,还可以实现同类别主体间的资源优化配置。企业的先进技术和优势资源,仍然可以通过平台进行交换和拓展。

第三,企业是科技成果转化的一个重要途径,也是产业研究院的"重要产品"。企业是各类创新主体中最接近市场的主体,能及时获取市场需求和变化信息,促进科技成果迅速转化为现实产品。另外,产业研究院通过对聚集的各类资源和要素重新进行整合,实现高新技术企业的企业孵化和产业培育,具有行业竞争力的科技型企业成为产业研究院的一种重要而特殊的产品。

综上,整合政府、企业、高等院校、科研院所等优质资源协同创新,不仅可以有效解决利益驱动力不足的问题,还能强化学科集群与产业集群间的对接与沟通,通过技术追逐资本和资本追逐技术的方式,确保学科集群与产业集群成为合二为一的协同创新实体,发挥产业研究院的最大效力。

（四）其他

金融机构和技术中介作为产业研究院建设的重要参与者，能够提供很多社会化的服务。比如，金融机构可以为创新项目和孵化企业提供资金支持和融资保障，使其研发具有更强的可持续性，同时使科研团队不脱离产业需求；科技中介则可以为研究院提供各类创新服务（包括知识产权注册、披露，技术经纪人的培训和入驻，以及法律事务的协助等），实现知识和技术流动，加快成果转化。产业研究院在产业与科技之间起中介作用，但其不是万能的，在很多非专业领域，需要其他的科技中介的参与，从而获得更高效的发展。

二、产业研究院的功能定位

作为实现政、产、学、研、用有效结合的途径，产业研究院是区域创新体系的重要一环，也是弥补区域科技资源的重要手段，能够在产业技术研发与转移、产业再造以及人才培养、创业孵化等方面发挥重要作用。功能定位决定了产业研究院的价值取向和建设方向。

（一）研究开发平台：对标区域产业，开展共性技术研发

作为政、产、学、研、用一体化的平台，首先需要明确的是，产业研究院是一种研发机构，研发是其使命和任务。有人形象地把创新比作接力赛：第一棒是基础研究，目的是科学发现和机理验证；第二棒是应用研究，目的是技术形成和原型实验；第三棒是技术开发，目的是技术应用，并转化成生产性技术；第四棒则是产业化、商品化，属于产品生产经营阶段（见图4-3）。

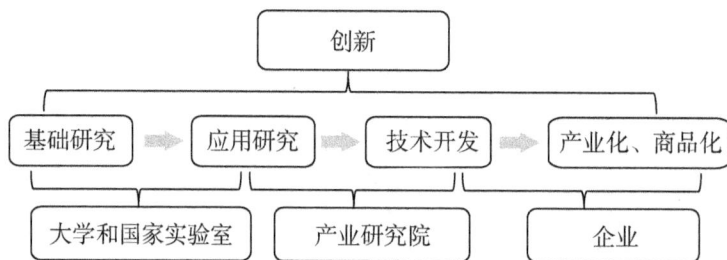

图 4-3　创新的路径

大学和国家实验室的主要任务是第一棒,兼顾第二棒;企业的主要任务是第四棒,兼顾第三棒;产业研究院的主要任务是第二棒和第三棒,其主要任务是在产业早期机会窗口阶段,将新技术、新发现变成在生产实际中可推广的技术。

产业研究院承担着整合区域内产业资源、服务产业发展的重要职能,对标的是区域内的产业科技需求。从目前产业发展的动力来看,科技成为支撑产业发展的重要推手,但科技的辐射力会随着地理距离的增加而衰减,要实现科技与产业的良好互动,就需要二者在地理位置上接近。所以,很多产业研究院就是基于当地已有产业发展的需求或者政府规划重点发展的产业而组建的,产业研究院依托自身具有的软硬件资源,包括场地、科研仪器设备、高素质科技人才、信息资源、政策支持等对外开展技术服务,瞄准当地产业或者规划当务之急的关键共性技术,组建科研团队进行重点研究。

(二)聚才引才平台:集聚产业人才,发挥人才集聚效应

产业研究院不仅研发目标明确,而且时间紧、绩效考评严格,需要研发力量的高投入才能保证成果的高效能产出。所以,产业研究院需要集聚相关产业内的大量专业人才,不仅依靠某一个高校或者科研院所的某几位教授,而是面向全国甚至全球延揽人才重点突破相关领域的技术难题。

从这个意义上来说,产业研究院就是产业科技人才的集聚平台。一方面,产业研究院需要大量选拔和吸收优秀人才,从更大范围内选择顶尖人才根据科研项目组建科研团队,江苏产研院面向全球招聘项目经理即是一个非常生动的例子;另一方面,产业研究院通过技术攻关带动团队成员的成长,也成为产业创新人才的培养基地。此外,借助产业研究院,研发人员可以更加深入地了解企业和用户的需求,实现科学研究与工程实践的结合;同时,企业的工程师和技术人员可以更加方便地与研发人员沟通交流,实现理论与实践的结合,占领技术的制高点。

应该说,产业研究院是在人才引进、培养、集聚和使用的过程中成为产业创新人才的栖息地,也成为造就一批能够将科技成果转化为产业的高级复合型人才的"兵工厂"。

(三)企业孵化平台:科技成果为商品,推动科技成果转移转化

科技成果转化难是旧有的产学研合作中最大的痛点,从我国目前的情况

来看,很多研发设施都设置在高校和科研机构中,科技成果也大量出自高校。而研究型大学虽然有很强的研发实力,但因为关注基础研究而与产业脱节;应用型高校,目前都属于地方性高校,虽然有地方政府在推动,但由于大学自身学科发展的体制约束,再加上目前从政府到社会对高校几乎一刀切的评价方式,使得应用型高校也不得不把诸多精力放在申报国家级课题和发表论文上。

在此意义上,产业研究院作为一种新型研发机构,可以成为解决这个痛点的有效形式。科研成果转化和产业化是产业研究院的永恒主题,也是其终极目标。产业研究院有着对产业高效的服务功能和内部各研究单元在创新价值链上的增值机制,通过"技术攻关—产前试验—改进提高—推广孵化"四步法,打通创新链、产业链、资金链。对于前瞻性的高新技术研发,产业研究院可以采用自己孵化、成立衍生公司的形式进行产业化;在技术增值方面,可以通过技术转移、开放实验室与创业育成中心等多种形式,帮助初创企业跨过"死亡之谷";在产业化阶段,以产前较小规模试验的方式,对产品的工艺可行性、质量可靠性、成本可控性作出探索性研究和试验之后,进行技术孵化,推动科技成果的转化,最终实现高新技术的产业化。

(四)协同教学平台:产科教融合,培育应用型人才

产业研究院既有科学技术的研发,与企业行业也有紧密的联系,这是其实现产科教融合、开展协同育人的重要优势。一方面,可以实现科学研究与产业发展的联手,有利于借助新的知识技术促进产教升级;另一方面,可以培养适应与引领产业发展的人才,为产业升级发展提供重要的现实条件。

从上述意义来看,产业研究院对于学历教育的人才培养而言具有非常重要的补充作用,可以作为科教融合、产教融合的重要平台。尤其在应用型高校的建设过程中,依托产业研究院的诸多优势来开展应用型人才培养具有必然趋势。

在具体操作层面,产业研究院可以分两个层面开展人才培养:对于研究生,可以采用导师制的方式,带学生进入实验室,开展相关研究,同时形成研究论文;对于本科生,可以采用实习、实践的方式,通过学分兑换、专业实验课等方式,使学生走进实验室,在科研项目的推进中提高其对专业理论的应用实践能力。产业研究院根据大学生创新创业实践年度方向和目标制订计划,为高校大学生提供良好的学习交流平台。通过增加一些教学用的硬件

设施,开展更加贴近行业前沿、专业知识的科普活动;通过与专业相关企业建立假期实习平台和合作机制,让更多大学生提前进行专业实践。

(五)制度创新平台:创新运营机制,建立现代管理体制

制度创新是持续创新的保证,是激发各类创新主体活力的关键。作为产业研究院功能主体的政府、高校和企业,通过协同合作,可以及时调整各自的科技政策和发展战略,并且基于产业研究院的平台开展一些探索性的合作。因此,产业研究院是产学研合作的一种大胆尝试,同时也是我国科技制度创新的重要实践平台。

产业研究院的功能从整体上形成一个链条(见图 4-4),技术研发是产业研究院的使命与核心业务,由研发而带来人才集聚和人才培养的效应;科技成果的转移转化是其目标任务,产业研究院作为非营利性研究机构,在成果产出之后,并不以此为自己创收盈利,而是通过孵化企业、院企合作以及衍生企业创业等方式实现商业化,从而带动区域产业的发展。

产业人才的流动和集聚,带动了相关研究技术的交流和传播,同时借助产业研究院的研发优势以及产业联系紧密度,实现产业、高校、研发力量三者之间的融合,尤其以科教融合的优势对于高校人才培养形成强有力的补充。值得一提的是成立于 2016 年的浙江西湖高等研究院,不仅以科学研究为核心任务,2017 年即已开始与浙江大学、复旦大学联合招收培养博士研究生,为后期转制成为西湖大学奠定了基础,可以说是科教融合的一个典型。

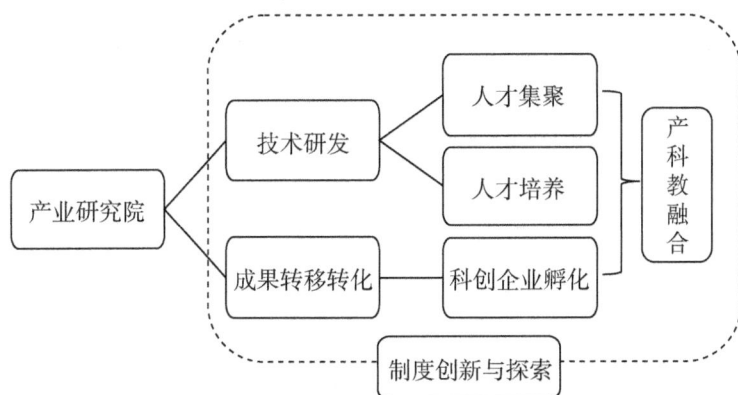

图 4-4　产业研究院的产科教融合模式

三、产业研究院的管理体制

管理体制是否合理,直接影响到组织的运行效率。按照组织的性质和特点,管理体制又可分为外部管理和内部管理。外部管理体制就是协调研究院与政府、高校和产业界之间的关系,并明晰各个主体间的责、权、利,为研究院的发展创造一个有利的外部环境。内部管理体制主要是指组织内部结构的设置,具体包括组织机构的设置、组织各部分的交互方式和顺序,以及各部分间的相互关系等。

(一)外部管理

在组建模式上,产业研究院由政府、高校院所、企业合作共建。其中,政府为研究院提供基础支持,包括启动资金、办公与实验场地、支持政策、人才配套等;大学和科研院所凭借其在科技研发上的优势为研究院提供智力支撑;企业最接近市场,能为研究院提供资金支持和创新源头。而科学的共同决策机制是研究院稳定发展的保障。

从产业研究院的主导力量来看,又可分为政府主导型、高校主导型和企业主导型。政府主导型和高校主导型多为公立机构,有一定数量的事业编制,企业主导型一般为民办独立法人。

产业研究院既要兼具企业和事业单位优势,又要避免传统事业单位管理体制的回归,建立与企业和事业单位不同的新型管理模式和运行机制尤为重要。国内外共性技术研究开发平台的经验表明,产业研究院要想成为产业技术升级的"加速器"和新兴产业的"孵化器",必须永葆新活力,其宏观运作模式和外部管理体制应该有助于产业研究院承担重大产学研合作任务,有助于实现对外部资源的最大化利用,有助于增强产业研究院的核心竞争力。

所以,产业研究院应该是一家公助、民办、非营利性的公共研发机构,独立事业法人是其理想属性。赋予产业研究院外部管理体制相对独立性,有助于保证其活力,这一属性便于整合政府、高校院所和产业界以及金融界等多方面的资源,保证产业技术研究院能够获得持续发展。比如德国弗劳恩霍夫应用研究促进学会虽然是在政府支持下建设的,但它并不隶属于联邦政府的任何部门,在法律上是以学会身份注册的独立社团法人。作为一个独立的组织,它可以研究制定自身的发展战略和研究规划,并尊重学会内每一个研究人员在政治、产业和社会领域的个人兴趣,从根本上保证了学会的活力。

(二)内部管理

管理学界认为,将组织的内部职能划分为决策、管理和操作 3 个层次较为合适。产业研究院的战略目标决定了其内部组织结构不应固定于某一种模式。目标导向式的任务特点决定了研究院的基本单元是科研团队,其核心竞争力的形成又需要相关科研实体的集约化。产业研究院所开展的每一个项目都需要产业界和学术界的合作参与,每一项成果的推广都需要走向市场,这就需要研究院拥有专业化的管理团队和相应的职能部门。

国内外已有的产业研究院,在机构的设置上存在共性,包括:负责决策的决策机构;负责立项的咨询机构;负责管理的执行机构;负责日常运行的职能部门;负责成果推广以及对外合作的业务推广部门等。而具体机构的设置则需要根据所在地区的产业结构、研究院的建设模式以及主导产业而定。

整体而言,产业研究院的组织架构跳出了以往的行政管理模式,管理机制分两层:第一层为决策监督层,由理事会行使决策权,另有产业指导委员会和执行委员会作为辅助;第二层为执行层,由院长在理事会的领导下全权负责研究院的各项事务。产业研究院组织结构如图 4-5 所示。

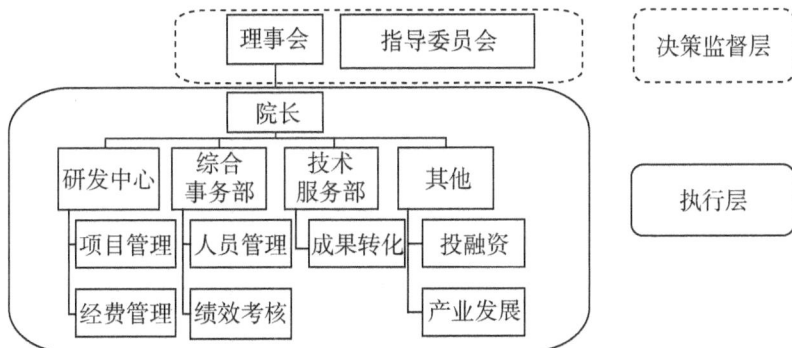

图 4-5　产业研究院的组织结构

1.决策监督层

研究院实行与国际接轨的理事会制度,投管分离以建立弹性灵活的体制机制。实行理事会领导下的院长负责制,理事会是研究院最高的权力机构,主要负责决策和监督,由政府相关部门、所依托的高校院所、企业等人员代表共同组成。

理事会的主要职能有:制定产业技术研究院的发展战略;制定产业研究院章程、管理办法等基本政策;确定产业研究院的发展领域;负责产业研究院所属研究实体的建立、变动、合并以及解散等事务;审批产业研究院重大资金的使用;任免执行委员会领导人及其成员;决定产业研究院设立办事机构、分支机构、代表机构和实体机构等。

此外还设有产业指导委员会,其直接向理事会负责,由科技界、产业界和政府代表以及其他公共部门的杰出人士组成,属于产业研究院的咨询机构,负责提供发展信息及资讯,针对研究院平台的建设、撤销以及项目的遴选等重大决策提供咨询建议。

2.执行层

产业研究院院长一般由理事会聘任,与若干副院长一起组成执行管理层,一般由知名科学家或工程师担任。具体职责有:全面负责产业研究院的日常运行和科研业务的管理,执行产业研究院的基本研发政策,并起草研究院的事业发展规划和财务预算方案;负责获取政府的事业经费,并对事业经费在产业研究院内部各研究所进行分配;协调各研究中心之间的关系,组织大型课题联合攻关,聘任各研究中心主任和招聘高级专业人才。院长或经院长授权的副院长在产业研究院以外全权代表产业研究院行使职能。

在执行管理层以下,可根据具体业务内容设置研发中心、综合事务部、技术服务部等具体管理部门,负责产业研究院的具体运作。

在当前非营利组织内部治理的制度框架中,理事会和执行层的权力是分立的。理事会处于权力的中心,对执行层起着支配作用。理事会负责聘任、评估和解聘执行层,执行层受理事会委托负责组织的日常运营,对理事会负责,具体执行理事会的有关政策。鉴于理事会和执行层在某些具体事务上可能存在职能重叠的地方,各组织的具体情况也可能存在一定差异,研究院的章程会对院长和理事会的职权进行明确界定。

四、产业研究院的运行机制

产业研究院的运行机制(见图4-6)是指构成这个系统的诸如人才、项目、经费等核心要素在相互作用中促进、维持研究院的内在工作方式。其中,人才是研究院的主体要素,是进行技术创新和科技开发的主体;项目是研究院的核心要素,是科技创新的内容,也是用以组织人才、培养人才以及考核绩效指标的重要抓手;经费是研究院得以运行的必备要素,涉及科研团队的组建、设备采购、成果转移转化以及人员激励等诸多方面。

```
                    ┌──────────┐
                    │  运行机制  │
                    └──────────┘
        ┌──────────┬───┴────┬──────────┐
  ┌─────────┐ ┌─────────┐ ┌─────────┐ ┌─────────┐
  │ 多元的资金 │ │ 灵活的人才 │ │ 高效的科研 │ │有针对性的绩效│
  │ 投入机制  │ │ 管理机制  │ │ 项目机制  │ │ 鼓励机制  │
  └─────────┘ └─────────┘ └─────────┘ └─────────┘
```

图 4-6 产业研究院的运行机制

产业研究院的建设主体和投入机制多元,既有政府,也有高校院所和产业界,还有金融机构和中介,各方从不同的角度联合推动产业研究院的发展。产业研究院在资金投入、人才管理、科研项目合作、绩效考评等方面采取以市场需求为导向的目标化管理,这是统一各方力量和意见的有效方式。

(一)多元的资金投入机制

产业研究院是面向产业公共技术研发和成果推广的非营利性机构,不论是其前期的馆所建设、人才引进、仪器设备采购以及委托第三方办理业务等所需要的资金,还是其建成后的科研项目运行、平台建设、人员聘请等所需要的资金,都需要由举办者给予保障。

实际上,产业研究院的定位和属性决定了其投资主体的多元化,资金来源不仅有政府,还有高校、科研院所以及产业界等。从属性上看,产业研究院的运行和发展不仅需要来自政府部门的非竞争性资金支持,同时也需要来自产业界的竞争性资金,以实现其自身的可持续发展。

从已经发展起来的产业研究院来看,其经费来源主要有三种模式:一是政府部门的财政补贴;二是通过申请国家重大科研项目获得项目经费;三是通过自身优势从产业界或其他渠道筹措资金。这种多方式、多途径获取发展资金的优势在于,可以有效降低产业技术研究院研发工作的盲目性和风险性。另外,各投资主体由于属性不同,对产业研究院进行投资的动机以及所投入的比例也不尽相同。比如,政府投资带有很强的公共性,追求社会效益;大学、科研院所的投资具有公益性,追求学术收益;而企业投资追求的是经济效益。

（二）灵活的人才管理机制

人才是产业研究院的核心要素，对于产业研究院来讲，需要做两方面的工作。一是吸引高水平的人才集聚。与企业或科研院所的性质不同，产业研究院的优势在于其集成能力，即集科技研发、中试、产业化以及融资等功能于一体，因此需要不同类型的人才。具体来说，产业研究院集聚了3种类型的人才：擅长应用技术开发的专职研究人员，擅长科技成果转化和企业运作的技术经纪人才，擅长商业策划和市场运作的风险投资人才。二是通过产业研究院的平台培养产业人才。上述3类人才因我国发展水平所限，仍然处于欠缺状态，一些高端人才，既要注重面向全球引进，也要注重内部培养。此外，要借助于自身和产业界结合紧密的优势，与所依托的高校院所联合培养专业学位的研究生，以此来改善队伍结构。

在人才管理和使用上，产业研究院采用企业化聘用制，项目启动和中心建设的第一步是组建研发队伍，项目结束就意味着团队解散或转移。这种畅通的用人制度能够鼓励和促进科研人员在产业研究院和合作单位之间自由流动，加速技术、知识的转移，增强研究院的活力。同时，通过设置长期聘用岗位和给予期权等鼓励措施，鼓励符合产业研究院重点发展方向的高水平人才尤其是那些掌握核心技术的专门人才汇聚，以此来建立一支稳定的高水平的科研团队，形成产业研究院的核心竞争力。

（三）高效的科研项目运行机制

科研项目运行机制是整个产业研究院运行机制的核心，也是其功能的体现，包含从科研项目的立项、研发、中试到实现产业化、产生效益的整个科研运行过程，而这一过程又由诸多子机制交叉互动形成。因此，理顺科研项目运行机制并加强机制建设能很好地促进产业研究院的功能和价值的发挥。

产业研究院的科研项目，一般有3个来源：一是政府专项计划，主要是政府等相关部门委托的科技研发计划，着眼于政府的产业发展规划而进行。这类项目往往是产业中的关键共性技术，存在较高的市场风险和技术风险，因此需要政府的直接资助。二是对高校科研成果进行二次转化，以实现研究成果的产业化再造。这类项目需要对原有科研成果进行重新考察，看其是否具备成果转化的条件，然后根据市场需要确定是否对其进行转化。三是与企业进行合作研发的项目或接受委托的项目。产业研究院与产业界合作，共同进行技术开发，同时还面向个别企业提供技术服务。

从国内外产业研究院的科研组织方式来看，德国弗劳恩霍夫应用研究促进会学会的"合同科研"合作模式，采用项目化合作的方式，为企业尤其是中小企业提供了大量富有创新性并具有实用价值的科研成果，是被证明了的有效又便捷的方式。其便于界定平台与企业间的权利和义务，明确平台的开发任务，我国产业研究院在科研项目运行中完全可以借鉴这一方式。

(四)有针对性的绩效激励机制

建立科学合理的、有针对性的绩效激励机制，对产业研究院的发展至关重要，从评价对象来看，可以建立绩效评估办法和年度考核办法。

绩效评估主要根据各研究所及其所属员工的绩效目标展开，根据其目标完成程度以及效果来评定，一般在结项之后由项目负责人或机构负责人来操作。对于跨学科矩阵式结构的项目，则由项目负责人和职能部门的主管同时进行考核，最终决定权属于部门主管，项目负责人仅有建议权。结项时会依照研究人员的执行进度给予奖励，并对项目的规模、技术困难度等评估指标做评比，以比较公平的方式评估相关人员的绩效。建立员工年度考评制，根据员工一年的整体表现，按照工作绩效、工作态度、团体绩效、合作精神、发展潜力、突出业绩等因素综合评定，由员工先进行自我评定，负责人结合其表现做最后评定。所有考评均作为后期工作开展和激励措施制定的依据，对于未达到最低标准的员工则不再续用。

在员工激励方面，产业研究院的研究人员可以称为"知识型员工"，在激励方式上，要结合知识型员工的特点而设计。一般而言，知识型员工的工作自主性强，倾向于拥有宽松自由的工作环境，工作目标导向明确，追求自身价值的实现。对知识型员工的激励方式可分为薪酬激励、期权激励、成长激励等。薪酬激励是最基础的激励方式，以工资或酬金以及津贴、奖金、福利的方式予以支付。产业研究院的薪酬制定标准要以功能定位为导向，能者多得、多劳多得、少劳少得，鼓励为目标付出，并确保工资水平在同业同等条件的人员中具有一定的竞争力。此外，对于成果转移转化等要专门制定管理办法，明确分配方式。期权激励也即长期激励。期权是一个未来概念，它的价值只有经过经营者若干年的努力才能真正体现出来。期权激励即是以未来收益激励不断奋斗，以长远发展约束短期行为，保护所有者投资利益，激励现有管理团队发挥最大能量,使所有者和经营者的目标动态一致,从而实现产业研究院的科学发展。在实际操作中,对于首席科学家和高级管理人才,要少用短期激励、多用长期激励,少用现金激励、多用期权激励。成长激励主要包括组织国内外考察,提供培训、访学、交换、深造等机会,帮助员工提升职业能力,合理规划职业生涯,让其对自身有更深入的认知,形成良性发展的循环。

第五节 宁波市产业研究院发展现状与对策建议

一、宁波市产业研究院发展特点

宁波目前已发展形成以新材料、汽车制造、家用电器等新型优势产业群,并成为长三角南翼经济中心和国家先进制造业基地。围绕"名城名都"建设目标和"中国制造2025"战略,宁波市委、市政府提出要重点构建"3511"产业体系,在2018年GDP总量超过1万亿元后,又进一步提出要发展"246"万千亿产业集群,力争到2025年在全市培育形成绿色石化、汽车2个世界级的万亿级产业集群,高端装备、新材料、电子信息、软件与新兴服务4个具有国际影响力的五千亿级产业集群,关键基础件(元器件)、智能家电、时尚纺织服装、生物医药、文体用品、节能环保6个国内领先的千亿级产业集群。

产业集群的发展需要创新资源的驱动,宁波市将科技创新作为"宁波制造"向"宁波智造"提升的支撑力量,先后出台了一系列鼓励企业创新和政、产、学、研、用结合及科技成果转化的政策,并将产业研究院作为区域内科技资源补充和拓展的重要平台,给予了积极推动和规范。从目前宁波市已有的产业研究院的现状来看,主要体现出以下4个特点。

(一)新兴产业集中度较高,覆盖区域全面

宁波市布局产业研究院始于2003年,由浙江省、宁波市政府与中科院共同组建中国科学院宁波工业技术研究院,以及与中国兵器科学院共建宁波分院,此后与宁波诺丁汉大学、复旦大学等国内知名科研院所合作建成产业研

究院 60 余家(含已建、再建),见表 4-1。

表 4-1　宁波市现有产业研究院

序号	名称(始建年份)	依托单位	合作共建者	区域	产业领域
1	宁波市工业互联网研究院(2018)	海曙区政府	褚健	海曙区	智能制造
2	上海交大宁波人工智能研究院(2018)	海曙区政府	上海交通大学	海曙区	智能制造
3	宁波智能技术研究院(宁波清水湾技术研究院)(2018)	海曙区政府	李泽湘	海曙区	智能制造
4	哈工大宁波智能装备研究院(2018)	镇海区政府	哈尔滨工业大学	镇海区	智能制造
5	宁波智能制造技术研究院(2017)	金泰(中国)工业股份有限公司	浙江大学	海曙区	智能制造
6	诺丁汉余姚国际研究院[诺丁汉(余姚)智能电气化研究院有限公司](2017)	余姚市政府	宁波诺丁汉大学	余姚市	智能制造
7	宁波阳明工业技术研究院(2018 年)	余姚市政府	宁波江丰电子材料股份有限公司	余姚市	智能制造
8	宁波市智能制造产业研究院(2015)	余姚市政府	甘中学	余姚市	智能制造
9	中科院自动化所北仑人工智能技术中心(2018)	北仑区政府	中科院自动化所	北仑区	人工智能
10	创新奇智(宁波)科技有限公司(2018)	鄞州区政府	李开复团队	鄞州区	人工智能
11	浙江大学机器人研究院(2017)	余姚市政府	浙江大学	余姚市	人工智能
12	宁波人工智能产业研究院(中科院计算所宁波产业技术研究院)(2012)	高新区管委会	中科院计算所	高新区	人工智能

续表

序号	名称(始建年份)	依托单位	合作共建者	区域	产业领域
13	西北工业大学宁波研究院(2018)	宁波市政府	西北工业大学	高新区	综合
14	大连理工大学宁波研究院(2018)	江北区政府	大连理工大学	江北区	综合
15	北京航空航天大学宁波创新研究院(2018)	梅山管委会	北京航空航天大学	北仑区	综合
16	浙大宁波工业技术研究院(2014)	浙江成章科技发展有限公司	浙江大学	江北区	综合
17	清华长三角宁波分院(2017)	宁波市政府	浙江清华长三角研究院	鄞州区	综合
18	宁波摩米创新工场电子科技有限公司(2013)	鄞州区政府	电子科技大学	鄞州区	综合
19	复旦科技园(浙江)创新中心(2018)	奉化区政府	复旦大学	奉化区	综合
20	中瑞(宁海)生产技术中心(2014)	宁海县政府	瑞典特罗尔海坦创新科技园	宁海县	综合
21	宁波工程学院象山研究院(2015)	象山县人民政府	宁波工程学院	象山县	综合
22	复旦大学宁波研究院	杭州湾新区管委会	复旦大学	杭州湾新区	综合
23	中石化宁波新材料研究院(2018)	镇海区政府	中石化	镇海区	新材料
24	中科院宁波材料所杭州湾研究院(2018)	杭州湾新区管委会	中科院宁波材料所	杭州湾新区	新材料
25	宁波市中星中东欧新材料研究院(2017)	宁波星箭航天机械有限公司	中国兵器科学研究院宁波分院、乌克兰国家科学院及巴顿焊接所等	海曙区	新材料
26	宁波海智材料产业创新研究院(2016)	江北区政府	日本埼玉工业大学	江北区	新材料
27	中乌新材料产业技术研究院(2018)	镇海区政府	乌克兰国家科学院化学学部	镇海区	新材料

序号	名称(始建年份)	依托单位	合作共建者	区域	产业领域
28	中国科学院慈溪应用技术研究与产业化中心(2016)	慈溪市政府	中国科学院上海分院	慈溪市	新材料
29	中科院宁波材料所(宁波工业技术研究院)(2003)	宁波市政府	中科院	镇海区	新材料
32	中国兵器材料科学与工程研究院余姚研究所(2011)	余姚市政府	中国兵器工业集团	余姚市	新材料
31	宁波弗兰采维奇材料问题科学研究所(2017)	宁海县人民政府	乌克兰弗兰采维奇材料科学研究所	宁海县	新材料
32	中加低碳经济研究院(宁波中加低碳新技术研究院有限公司)(2013)	宁波现代模具有限公司	加拿大低碳经济研究院	宁海县	新材料
33	万华宁波高性能材料研究院(2018)	大榭开发区管委会	万华集团	大榭开发区	新材料
34	诺丁汉大学宁波新材料研究院(2015)	高新区管委会	诺丁汉大学	高新区	新材料
35	宁波新材料联合研究院	高新区管委会	中科院宁波材料所、兵科院宁波分院	高新区	新材料
36	宁波激智新材料创新研究院(2017)	高新区管委会	宁波激智科技股份有限公司	高新区	新材料
37	中科院城市环境研究所宁波站(2011)	北仑区政府	中科院城市环境研究所	北仑区	环保
38	宁波瑞凌节能环保创新与产业研究院(2018)	奉化区政府	杨荣贵	奉化区	环保
39	宁波(锋成)先进能源材料研究院(2018)	奉化区政府	任志锋	奉化区	新能源
40	机械科学研究总院南方中心(2018)	象山县政府	机械科学研究总院	象山县	机械
41	宁波麟沣生物科技有限公司(2011年)	杭州湾新区管委会	谢长庆	杭州湾新区	生物技术

续表

序号	名称（始建年份）	依托单位	合作共建者	区域	产业领域
42	浙江万里学院宁海海洋生物种业研究院（2018）	宁海县政府	浙江万里学院	宁海县	海洋生物
43	宁波海洋研究院（2015）	宁波国际海洋生态科技城	国家海洋局、宁波大学	北仑区	海洋生物
44	浙江工业大学宁海海洋研究院（2015）	宁海县政府	浙江工业大学	宁海县	海洋技术
45	宁波诺丁汉国际海洋经济技术研究院（2014）	宁波市政府	诺丁汉大学	鄞州区	海洋经济
46	中国科学院宁波工业技术研究院慈溪生物医学工程研究所（2013）	慈溪市政府	中科院宁波材料所研	慈溪市	生物医药
47	中科院上海药物所宁波生物创新中心（2013）	宁海县政府	中科院上海药物所	宁海县	生物制药
48	宁波高新区美诺华医药创新研究院（2017）	高新区管委会	美诺华医药	高新区	生物医药
49	中科院计算所宁波创新中心（2018）	江北区政府	中科院计算机所	江北区	大数据
50	西安电子科技大学宁波信息技术研究院（2013）	镇海区政府	西安电子科技大学	镇海区	电子
51	中科院微电子研究所宁波（北仑）微电子应用研究院（2017）	北仑区政府	中国科学院微电子研究所	北仑区	微电子
52	宁波中物激光与光电技术研究所（2013）	鄞州区政府	中国工程物理研究院	鄞州区	光电
53	诺迪克（余姚）光电产业研究院（2018 年）	余姚市政府	卓以和、刘明院士	余姚市	光电
54	中国电子科技集团海洋电子研究院有限公司（2013）	高新区管委会	中国电子科技集团	高新区	电子
55	中国电科院创新分中心（2018）	象山县政府	中国电子科技集团公司电子科学研究院	象山县	电子

序号	名称(始建年份)	依托单位	合作共建者	区域	产业领域
56	中科院上海有机化学研究所宁波新材料创制中心(2015)	北仑区政府	中国科学院上海有机化学研究所	北仑区	化工
57	宁波工程学院奉化研究院(2017)	奉化区政府	宁波工程学院	奉化区	农产品加工
58	吉利汽车研究院	杭州湾新区管委会	吉利集团	杭州湾新区	汽车零部件
59	杭州湾新区汽车研究院(2012)	杭州湾新区管委会	同济大学、宁波工程学院	杭州湾新区	汽车零部件
60	兵科院宁波分院(2003)	宁波市政府	中国兵器工业集团	高新区	机械
61	宁波赛宝信息产业技术研究院(2010)	高新区管委会	工业和信息化部电子第五研究所(中国赛宝实验室)	高新区	信息

从区域分布和涉及的产业领域来看,产业研究院呈现出"因需而建、覆盖全面"的特点,即产业研究院基本上覆盖了宁波大市范围的所有区县,尤以新材料、智能制造、人工智能、电子等产业为多,既符合当地重点产业发展的规划,也符合宁波市"246"万千亿产业集群发展的部署。比如数量最多的高新区有9家,该区是国家级高新区,也是新材料科技城,区域内建有中国兵器宁波分院、诺丁汉大学宁波新材料研究院、中国电子科技集团海洋电子研究院有限公司等专注于材料领域的产业研究院,2020年正式投用的西北工业大学宁波研究院,总投资近15亿元,致力于无人航行、民用航天、柔性电子、智能传感芯片、卫星与大数据等5个领域的创新研发;再比如宁海县,针对其现代海洋经济的需求,先后与浙江工业大学和浙江万里学院合作共建了浙江工业大学海洋研究院和浙江万里学院宁海海洋生物种业研究院,分别就海洋智能工程装备、海洋生物资源开发及保护利用、海洋化工、海洋种质资源、现代养殖等技术做专项研发。

(二)名校名企名团队入驻,高端人才聚集

从合作共建单位来看,名校名企名团队是主导力量,其中与中科院下属

研究所合作共建的研究院共有 12 家,与"211"工程、"985"工程高校合作共建的研究院有 14 家,与院士团队以及相关领域顶级专家合作共建的研究院有 7 家,与乌克兰、日本、瑞典、加拿大等国际创新团队合作共建的研究院各 1 家,另有与央企和国内知名企业合作共建的研究院 12 家。

高端人才的集聚,不仅为宁波产业经济高质量发展注入强劲动力,也为前沿产业共性技术的研发提供了保障,如中科院宁波材料所(宁波工业技术研究院)已经在宁波市材料产业领域发挥极其重要的作用。据统计,2019 年该研究院专利申请 476 件,授权 294 件,位列浙江省科研机构专利申请和授权第一位,其牵头研发的"弹性电子传感及其器件技术""医用聚酯材料及其应用技术"等技术成果已经落地,"面向智能制造装备的精密驱动与控制关键技术研究及产业化"项目已实现产业化。

(三)建设模式多元,功能交叉互补

宁波市建设产业研究院的时间要明显晚于深圳等地,相对而言具有后发优势,在具体建设过程中有经验可借鉴;从已建成的产业研究院的模式看(见图 4-7),高校科研院所以及顶级专家团队作为研究院主导力量而建设的研究院占 70%以上,一般都是自收自支的事业法人,企业化运行,体制机制灵活,保证了开展高水平科技创新活动的活力和质量。比如中科院宁波材料所二期和三期均采用政府投资与企业融资相结合的方式,引入民间资本参与科研院所的建设,搭建形成政府、高校院所、企业三方共同参与的政、产、学、研、用大联合机制,研究院与企业、高校之间在科研、成果转化、企业服务、人才培养等多方面形成功能交叉与互补,助推了机制创新。

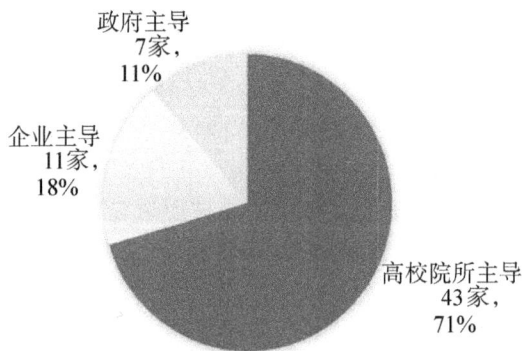

政府主导
7家,
11%

企业主导
11家,
18%

高校院所主导
43家,
71%

图 4-7 宁波市产业研究院建设模式

此外,为了改变宁波本地高等教育与人才需求不匹配的现状,宁波市鼓

励研究院建立与完善特色研究生院,推动研究院积极争取母校在甬硕士、博士招生名额,开展人才培养和培训,探索开展全日制学历教育,建立博士后科研工作站、博士后创新实践基地,完善基于研究院的校企联合培养模式,满足宁波地区产业对高端人才的需求。

(四)战略定位明确,政府服务意识强

宁波市将产业研究院作为构建区域创新体系的重要一环在推动。2003—2018 年,产业研究院的批准建设数量整体上呈上升趋势(见图 4-8),尤其是在 2016 年后,产业研究院的建设步伐加快。在政策房方面,除了以往在产科教融合以及科技成果转化方面的鼓励措施外,近年来宁波市又相继出台了《关于加快产业技术研究院发展改革的若干意见》《宁波市产业技术研究院建设与发展管理办法》《宁波市产业技术研究院建设专项行动计划》《宁波市产业技术研究院绩效管理办法(试行)》等系列文件,对相关工作的主体责任、引进落地管理的流程规范,以及产业研究院建设运营的体制机制、绩效考评管等方面作了明确规定,为研究院更好地与宁波地方产业发展相融合指明了路径。根据宁波市对产业研究院的建设规划,到 2022 年,全市研究院将达到80 家,引进人才团队超过 300 个,攻克关键技术 200 项,研制战略性产品 100个,孵化培育高新技术苗子企业超过 100 家。未来,产业研究院对宁波新经济的带动作用将进一步显现。

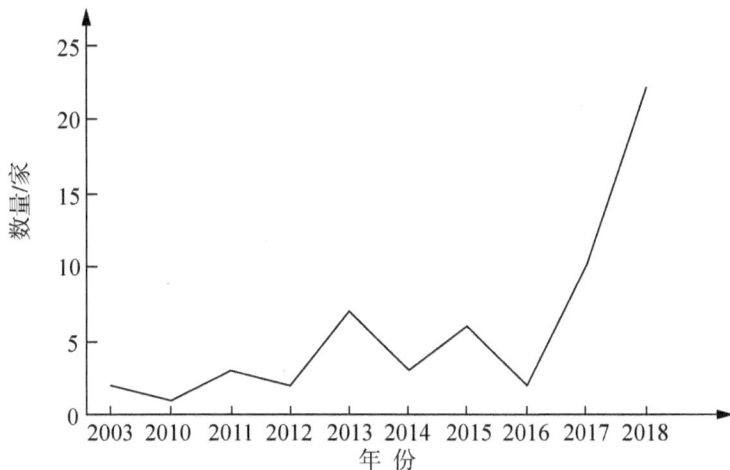

图 4-8　宁波市产业研究院建设情况

除了制度性保障,在科技服务方面,各级政府相关部门以精准帮扶为目

标,定期对已建成的研究院进行调研,深度挖掘科技成果,并通过科技大市场成果拍卖等方式进行推介。

二、宁波市产业研究院存在的问题

目前,宁波市已有的产业研究院整体布局已全面对标政府重点发展的产业集群,而且起点高、研发实力强,但也存在明显局限。

(一)产业化程度有待提高

基于产业研究院的特点,它是针对产业共性关键技术而开展研发的科研机构,同时也是以研发成果转移转化为目标的转化平台,但从目前宁波市已有产业研究院的科技成果转移转化情况来看,数量与质量都有待提高。而产业化不足一方面会导致研究院自我造血能力偏弱,另一方面又会使其对政府资助形成依赖。

(二)产教融合不够

本地院校科技创新能力不足、优质高等教育资源缺乏是制约宁波市发展的重要因素。目前,宁波市已有产业研究院在人才集聚方面尚未取得明显实效,且在利用研究院的人才优势开展联合培养等方面,还有很多欠缺。

(三)高端项目引进力度不够

产业研究院对产业具有很大程度的引领作用,一个高端项目不仅能够带动一个企业的发展,而且会对产业链和产业集群产生辐射作用。目前,宁波市产业研究院承接的高端项目依然偏少。同时,产业研究院的研发成果在调动中小型企业以及社会金融资本等要素参与的积极性方面也尚未产生作用。

三、宁波市产业研究院建设的对策

(一)对重点产业领域的产业研究院采取重点资助

客观来讲,项目研发和产业化有其周期及规律,科研进程和成果难以预计,有一定的科研风险,其研究价值也难以达成共识,所以政府科研资助部门、企业可以为重点产业领域的研发专门设立"种子基金",为研究院科研团队所提出的研究项目提供预研经费,对其1~2年内的研究进展进行审核,审核合格或达到优秀水平,再划拨后续经费,以高集中度来实现产业研发整体效益的最大化。同时,加大从国外重点引进一批高端产业技术和创新人才的力度,通过面向全国或全世界招标的方式来组建项目团队进行科研攻关,不仅可以吸引相关人才集聚,也能缩短研发周期,同时可以大幅提升本地产业研发起点,优化区域产业结构。

(二)优化政策供给,加强可操作性

科技成果转化难应该说是一个国际性问题,发挥政策工具的优势,对成果转化具有很大的推动作用。一方面,要在现有的科技成果转移转化政策基础上优化政策供给和配套制度,形成政策合力与制度保障;另一方面,应当加强科技成果转移转化政策的可操作性,在尊重市场和创新主体自主性基础上细化政策实施方案,推进政策落地。社会组织、团体或个人主导的产业研究院,可建立法人财团等新型法人制度,打破我国公益组织发展的制度性障碍。

虽然政府在科技创新中发挥不可替代的作用,但是政府不能完全代替市场的主体作用。因此,政府要避免过度参与,减少直接干预,可根据地域差异选用合适的政策工具,搭建基础平台、提供金融扶持、加大自愿性政策等方式,积极发挥市场主体的作用,推动科技成果转移转化的协同创新。

(三)强化共性技术的研发及应用示范,建立合理的绩效评估体系

突破制约产业发展的关键技术和共性技术,以"合同科研"等方式为行业企业提供具有创新性和实用性的科研成果,培育本区域战略性目标产业群。比如,通过"一免二借三竞争"加大对创新企业的培育力度,其中"一免"指的是免除其场地租用等基础设施费用,"二借"指的是鼓励金融机构为其前期购买大型设备提供免息借款等服务,"三竞争"指的是建立相应的基金库,以竞争的方式资助在科技创新方面取得成绩的企业。需要指出的是,只有尊重科学规律,遵循市场规律,避免急于求成、急功近利,同时允许失败,采用科学合理的绩效评估体系,才能促进产业研究院的健康发展。

（四）发展好、利用好宁波本地高教资源

高端人才可以靠引进，但基础人才在很大程度上要依靠自我培养，产业研究院有人才培养的功能，但不能代替高等教育的学历教育。目前，宁波市共有 16 所高等院校，在校生超过 17.7 万人，对于宁波市的建设和发展而言是重要资源。因此，鼓励研究院与地方院校在项目研发、人才培养等方面开展合作，对于提高本地高校办学能力和人才培养能力具有至关重要的作用。

第六节　产业研究院的实践成果

一、宁波海上丝绸之路研究院

（一）基本情况及定位

为抢抓"一带一路"建设机遇和中国特色新型智库建设等发展机遇，2015年 2 月，借助北京外国语大学多语种、国际交流等资源优势，宁波市人民政府与北京外国语大学建立战略合作框架，依托浙江万里学院合作共建宁波海上丝绸之路研究院，并于 2015 年 6 月 10 日在第一届中国—中东欧国家投资贸易博览会上揭牌成立。2016 年，为深度服务中国—中东欧国家"16＋1"合作战略，由宁波市委、市政府（市委组织部、市商务委、市教育局、中国—中东欧国家投资贸易博览会组委办）主导，再与中国社科院欧洲所、浙江大学中国西部发展研究院战略合作，在宁波海上丝绸之路研究院基础上共建宁波中东欧国家合作研究院，并在 2016 年 6 月 10 日第二届中国—中东欧国家投资贸易博览会上揭牌成立。宁波海上丝绸之路研究院、宁波中东欧国家合作研究院实行"两块牌子、一套人马、合署办公"运行机制，并在宁波市民政局审批登记为民办非企业法人单位（甬民许〔2016〕第 25 号），施行"独立核算、自我造血、滚动发展"。

经过近 6 年建设,宁波海上丝绸之路研究院先后成为中国社科院"17＋1"智库网络理事单位、浙江省"一带一路"智库合作联盟成员单位、浙江省新型高校智库、浙江省新型智库培育单位、浙江省国际人文交流基地、宁波"一带一路"经贸合作协同创新中心、宁波市"一带一路"建设研究基地等;入选 2018 年夏季达沃斯论坛发布的国家信息中心《"一带一路"大数据报告 2018》"一带一路"高校智库影响力前十,光明日报智库研究与发布中心和南京大学中国智库研究与评价中心联合发布的中国智库索引(CTTI)来源智库,上海社科院《2017 年中国智库报告》"中国特色新型智库"新智库提名,"宁波品牌百强榜"之"2018 最具潜力宁波新品牌"等。

依托北京外国语大学的学科专业和国际影响力等优势,充分利用其进行国家"一带一路"倡议相关研究的重大成果,创新体制机制,整合研究力量和资源,集聚和培养高层次人才,面向区域经济社会转型发展重大需求,围绕宁波打造成"一带一路"枢纽城市、"21 世纪海上丝绸之路"支点城市、投资合作和经贸交流先行城市、跨境电子商务试点城市等战略,开展相关经贸、文化、语言、法律、政策等高水平应用研究,推动宁波与"一带一路"沿线国家和地区的交流与合作,扩大宁波经贸、文化、教育等的国际影响力,整体提升宁波高等教育国际化水平和相关学科科研能力,将研究院建成国外知名、国内一流的海上丝绸之路学术研究中心、高端人才培养中心、文化传播与交流中心和服务"走出去"战略的专业智库。

(二)主要任务

1. 开展"一带一路"建设及应用问题研究

立足国际学术前沿,面向区域经济社会转型发展重大战略需求,聚焦宁波及区域开放型经济发展水平提升、现代化国际港口城市建设、港口经济圈、海上丝绸之路申遗等战略问题,集聚高层次研究团队,开展经贸、法律、文化等重大应用课题研究,为区域经济社会转型发展、以"五通"为宗旨开展与"一带一路"沿线国家和地区扩大经贸合作与人文交流提供理论支撑及政策建议,促进成果转化应用,打造国内一流的海上丝绸之路研究中心,推动海上丝绸之路申报世界文化遗产。

2. 开展企业咨询服务

发挥北京外国语大学国际经贸、多语种等学科优势和国际校友资源,围绕宁波企业"走出去"等需求,组建跨学科、多领域的企业咨询服务团队,开展企业国际投资、企业跨国经营与管理等专项咨询服务。建立"一带一路"相关大数据信息中心,以会员制方式为宁波企业"走出去"提供信息定制服务。整合校友与企业家资源,创建产业园,孵化创业项目。

3.开展人才培养与培训

面向宁波行业企业及政府机关、企事业单位,开办国际化、高层次、形式多样的涉外人才培养培训项目,开展相关的经贸、文化、语言、法律等"订单式"培训和考察,打造1~2个高端企业管理人员培训项目,培养国际化高端企业涉外管理人才,重点培养一批了解国际惯例、掌握国际交流能力、具有中国自信的宁波企业家。同时,利用北京外国语大学学科优势与在甬高校联合开展研究生培养,以及面向"一带一路"沿线国家和地区联合开展来华人员培训与来华留学生培养。

4.共办国际高端论坛

发挥北京外国语大学国际交流广泛的优势,利用知名国际校友的资源,结合宁波区域经济、文化等优势,举办主题论坛,搭建国际交流与合作大平台,推动"一带一路"沿线国家(地区)经贸、学术、文化交流与合作,吸引国际政界、商界、学界、文化界等人士参会,宣传研究成果,建言献策,传播中华文化与宁波地方文化,提升宁波国际化水平和国际影响力。

(三)组织结构与运行机制

研究院创新建立了"校直属＋民非企＋多元参与"的管理体制;组建由政府、企业、学校、研究机构等多方参与的工作领导小组、工作指导委员会和专家指导委员会,实行理事会领导下的院长负责制;采用柔性选人、用人、育人制度,推行全员聘任制(企业化用人),形成了宁波"一带一路"建设专兼结合的研究团队(见图4-9)。

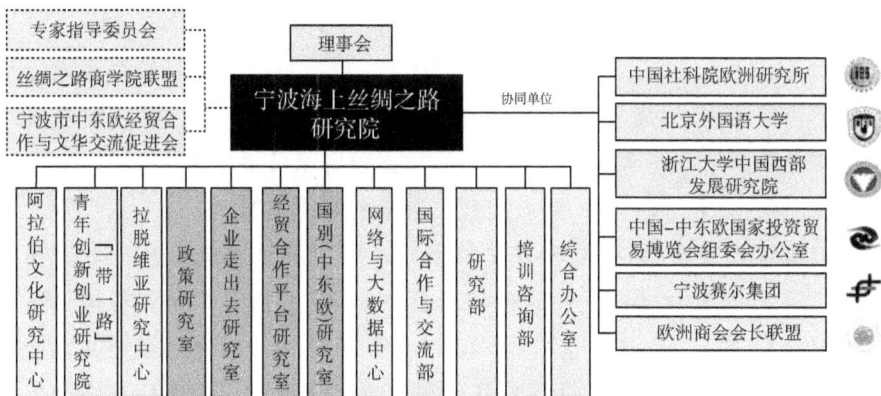

图 4-9　宁波海上丝绸之路研究院组织结构与运行机制

1. 组织结构

为推动研究院协同创新、健康高效和可持续发展,宁波市人民政府与北京外国语大学决定构建形成市领导小组、理事会、研究院三层组织体系,研究院实行理事会领导的院长负责制。市领导小组由宁波市政府领导及市发改委、市经信委、市教育局、市科技局、市商务委、市文广局、市旅游局、市外事办、市社科院和鄞州区政府、北仑区政府等部门分管领导组成,组织协调宁波市有关部门在自身职能范围内支持、指导和帮助研究院开展相关工作。理事会是研究院最高决策机构,理事会成员由宁波市政府、北京外国语大学、浙江万里学院等委派人员组成;宁波和北京外国语大学各设理事长1名、副理事长1名和院长1名;理事会下设秘书处,代表理事会管理审核研究院有关工作目标和年度计划及完成情况。根据研究院发展需要,经理事会研究同意,可吸纳有关企业加入理事会。研究院具体负责咨政服务、企业咨询、人才培养与培训和举办高端论坛四大工作内容,下设研究部、培训部、咨询部和办公室。研究院设立专家委员会,由"一带一路"相关研究领域知名专家组成,主要为研究院重大学术研究、重大研究成果及重大学术活动等提供咨询指导。

2. 运行机制

按照"校地共建、企业参与"原则,以宁波市政府为主导,由宁波市教育局牵头,整合北京外国语大学、浙江万里学院的学科、科研、人才等资源优势,协同宁波市相关资源,争取国外合作方、海外"宁波帮"、行业龙头企业等多方投资或参与，与企业共建共享，实行相对独立运行、独立核算。

以问题需求为导向，服务政府战略决策。一是通过公开招标选聘首席专家领衔的研究团队，围绕宁波参与"一带一路"建设及应用问题研究，每年开展宁波市政府重大委托课题研究 2～4 项；二是通过积极主动承接宁波市有关部门委托课题，服务宁波市委、市政府战略决策的制定与实施。

以市场需求为导向，推动研究院市场化运行。一是围绕宁波产业企业"走出去"需求，面向社会、面向市场，主动开展企业咨询、人才培养与培训服务，吸纳社会资本；二是推动研究院市场化运行，逐步由政府主导过渡到以市场需求为主导，根据发展需要注册成立公司（暂名"宁波丝绸之路信息咨询与服务有限公司"）来逐步承接研究院市场化运行职能。

（四）主要成效

自建立以来，研究院始终立足宁波区域发展需求，按照"开放协同、汇智咨政、培养人才、服务地方"的宗旨，在宁波市教育局等相关部门的悉心关怀和鼎力支持下，开展咨政研究、提供咨询服务、人才培养与培训、举办高端论坛等四大工作，服务宁波"一带一路"建设，助升宁波城市发展水平和国际影响力提升。

1. 咨政建言彰显智库担当

围绕宁波"一带一路"建设、"16＋1"合作、民营企业"走出去"等重点领域，研究院先后承担宁波市及省部级各类课题 30 多项，并将研究成果转化为决策建议稿等，屡获省市主要领导批示。如《宁波参与"一带一路"若干关键问题研究》获时任浙江省委常委、宁波市委书记刘奇批示，《关于防范化解我市民营企业"走出去"风险的建议》获时任浙江省委常委、宁波市委书记唐一军批示，《宁波"一带一路"建设综合试验区对策研究》（宁波市社科类面向全国招标课题）获时任宁波市常务副市长宋越舜批示等。部分参研成果如《"16＋1合作"五年成就回顾与展望》（与中国社科院欧洲所合作完成，刊登于《中国社科院要报·中办专供信息》）获习近平总书记批示，《关于浙江在"21世纪海上丝绸之路"建设中的战略定位与合作建议的报告》（与浙大西部发展研究院合作完成）获时任浙江省省长李强批示。

2.咨询服务促进政、产、学、研互动

围绕宁波举办中国—中东欧国家投资贸易博览会、"东亚文化之都"活动年、海上丝绸之路申遗等重大任务,积极与省市有关部门及赛尔集团、宁波舟山港集团等企业进行深入合作,开展专项研究与咨询服务。如连续4年深度参与服务中国—中东欧国家投资贸易博览会,提供系列政策文本的中东欧16国官方语言翻译服务,参与"16+1"经贸合作示范区实施方案的编制、数字"16+1"经贸合作促进中心平台的海量数据信息提供及运维,面向宁波大市策划举办"万里杯"中东欧国家知识大赛,牵头组建丝绸之路商学院联盟及中国(宁波)—中东欧企业家教授联盟等;深入参与服务"东亚文化之都·2016宁波"活动年,设计制作了中、日、韩三种语言版本的文宣手册并在三国广泛传播;参与服务宁波、泉州等城市联合海上丝绸之路申遗论证和史料搜集;服务浙江省参与"一带一路"建设推进会、浙江中捷(宁波)产业合作园规划研究、镇海区政府"一带一路"建设;等等。

3.高端人才培养增进民心相通

积极承接"一带一路"高端援外项目。截至目前,研究院已成功举办5期中阿合作论坛框架下的文化和旅游部"阿拉伯国家文博专家研修班"项目[此前,研究班已经以纸质(2015)、丝绸(2016)、陶瓷(2017)文化创意(2018)为主题开展了4届,先后邀请了来自阿拉伯17个国家的64名专家来华研修交流];连续3年成功举办商务部"2018年中国—中东欧国家经贸官员经济技术园区合作研修班"、商务委"2018年16+1中小企业合作官员研修班"等,已累计培训中东欧16国53名经贸官员。

搭建多边国际教育合作平台。牵头组建了近30个国家100多家高校商学院及机构加盟的丝绸之路商学院联盟,搭建跨国、跨区域的学生、教师和企业家交流互信平台,促进跨国、跨区域的"复语型"商科专业人才培养,推动教师跨国、跨区域合作开展教育教学与科学研究。

积极培养"一带一路"相关专业急需人才。依托浙江万里学院,在省内率先开启中东欧小语种人才培养项目之捷克语小语种人才培养;与匈牙利雅典娜地缘政治研究所、拉脱维亚国际事务研究所等国外研究机构建立了人员互派访学研修项目,如李秋正副教授赴德国访学等;联合中国社科院、上海海洋大学等培养"一带一路"领域硕博士人才,如培养并选派殷军杰、高聪等到中

国社科院、上海海洋大学攻读博士,在物流工程专业培养了吉布提、厄瓜多尔等国外研究生5名和国内研究生15名。与宁波诺丁汉大学"一带一路"研究中心签署合作备忘录,拟联合培养"一带一路"方向博士生。此外,还针对宁波市涉外主要部门及企业主要负责人开设"2017年宁波中东欧合作工作高级研修班"等高端培训项目。

4.高端活动提升城市影响力

先后邀请新加坡国立大学东亚研究所所长郑永年教授、国务院发展研究中心党组成员余斌副主任、拉脱维亚国际事务研究所所长安德里斯·斯普劳斯等30余位知名专家来甬交流,通过名家解读宁波,传播宁波城市形象。开启了对上海国际问题研究院杨洁勉院长、拉脱维亚副总理兼经济部部长阿舍拉登斯、捷克前总理伊日·帕劳贝克等近20位名家及国外高官的高端专访,链接全球智慧,助力宁波发展。先后主办或承协中国—中东欧国家商学院峰会暨"一带一路"沿线国家商学院国际化人才培养论坛、第三届全国"一带一路"沿线城市智库联盟大会、2018中国—拉脱维亚地方合作智库论坛、宁波发展论坛和沙龙等各类高端论坛活动40多场次,累计受众超1万人次,汇聚多方智慧,把脉宁波发展,传播宁波精彩。

二、宁海海洋生物种业研究院

(一)基本情况及定位

宁海海洋生物种业研究院,是由浙江万里学院与宁海县人民政府在宁海合作共建的具有独立事业法人资格、差额拨款事业编制的非营利性研究机构,其全称为"浙江万里学院宁海海洋生物种业研究院",宁海县人民政府为研究院提供土地、经费等必要支持,浙江万里学院负责研究院日常管理和运行。研究院实行自收自支,企业化管理。

研究院旨在搭建服务于科技创新、人才培养、技术转化的高水平科研推广平台,充分发挥浙江万里学院已有的现代渔业科技创新平台优势,并积极引进国内外高水平研究机构和团队,针对宁海的主导养殖产业,开展相关共性技术开发应用,为区域内企业提供优质种子种苗推广、水产良种良法技术转化应用、技术技能培训提升等服务。建设至今,种业研究院在研发、体制机制创新、产科教融合等方面做了诸多探索,为宁波市建设产业研究院提供了极为有益的借鉴。

（二）主要任务

宁海海洋生物种业研究院紧扣宁波丰富的海洋资源和宁海县已有的海洋渔业产业，定位明确、目标高远，不仅整合了浙江万里学院在海洋生物种业方面的优势学科资源，也获得宁海县人民政府以及中国海洋大学包振民院士团队的全力支持，不仅拥有强大的科研实力，在技术的应用方面也有可操作性和扩散性。同时，宁海海洋生物种业研究院在发展规划上面向未来市场，立足产业中上游的技术制高点，聚焦产业核心技术，为宁海现代农业渔业的发展提供强大科技支持（见表4-2）。

表 4-2　平台功能服务定位

平台	功能板块	服务对象	服务功能
海洋水产种业高层次人才集聚平台和良种良法研发平台	高层次人才聚集平台	国内外高水平海洋与渔业专家、研究机构和技术团队	组建重点工程中心、重点实验室、中试基地、院士工作站、博士后工作站，提供科研成果共建共享服务
	良种良法研发平台	水产种业企业、科研机构等单位	提供种质资源共享、新品种性能测试、新品种创制配套技术等服务
水产种业与良种良法的成果转化及技术转移中心	成果转化及技术转移中心	水产种业企业	提供水产良种良法成果转化应用指导服务
	水产养殖研究与试验示范基地	水产养殖企业、个体户	提供开放式水产资源保护与增殖、名优水产种质保存、环境友好型水产养殖指导服务
	"种子＋"产业联盟	水产苗种生产龙头企业	应用联产联销模式，提供良种创制及培育技术服务
水产良种良法高质量公共服务和高素质应用型人才培养平台	高质量公共服务平台	水产种业企业和科研机构	示范推广新品种、新模式、新技术、新工艺、新装备和新业态
	高素质应用型人才培养平台	水产养殖企业、个体户	新型养殖渔民职业技术培训和转产转业教育培训
		高校学生与研究人员	实践教学与实习培训

1. 打造成为在全省乃至全国有影响力的海洋水产种业高层次人才集聚平台和良种良法研发平台

在宁海县三门湾现代农业开发区内建立现代渔业生物技术创新基地及水产良种创制、种质资源库及种质检测公共服务平台，力争建成省部级乃至国家级渔业工程中心，使其成为浙江省水产种业转型升级的强大引擎和创新驱动发展的动力源泉。

2. 打造成为在全省有影响力的水产种业与良种良法成果转化及技术转移中心

通过建立科技成果转化及技术转移的激励机制，激励科研人员深入基层、适应市场，及时将国内外先进水产种业生产技术、健康养殖生产先进模式和先进装备应用到区域现代渔业发展过程中，推动重大良种良法成果转化应用。

3. 打造成为在全省有影响力的水产良种良法高质量公共服务和高素质应用型人才培养平台

引进和组建一支种业科技和管理的服务队伍，通过新品种研究开发、中试和产业化，示范推广新品种、新模式、新技术、新工艺、新装备和新业态；开展良种培育技术指导、病害门诊服务、渔业环境监测、水产品质量安全检测和新型渔民技术培训等服务；提供养殖渔民职业技术培训，以及点对点、面对面的技术服务。开展本科生实践教学，每年安排 100 人左右到研究院基地实习；开展研究生培养工作，每年安排 30 名研究生在研究院开展研究实践工作。

（三）组织结构与运行机制

1. 组织结构

宁海海洋生物种业研究院是以浙江万里学院为依托、拟联合宁波市海洋与渔业研究院，并引进中国海洋大学、中国水产科学研究院等国家级科研力量，在宁海县三门湾现代农业开发区内建设的具有独立法人、企业化运作的实体研究开发机构。

宁海海洋生物种业研究院实行理事会领导下的院长负责制，理事会由浙江万里学院及合作单位和宁海县人民政府及相关部门有关人员共同组成。同时注册成立宁海水产种业科技创新研究院有限公司，建立董事会、监事会，内部设立院咨询委员会,实行董事会领导下的院长负责制。

浙江万里学院提供人才保障、技术成果转化、高水平研究机构和智力引进等服务,负责创新研发楼和实验室建设,争取国家和地方财政支持的基础设施建设项目;宁海县人民政府提供基础条件保障、人才落户优惠政策、研究院前期建设运行工作经费等。

2.运行机制

宁海海洋生物种业研究院采用非常灵活的独立法人制度,理事会成员也做了最大限度的压缩,举办方赋予该研究院最大的自由空间。从内部管理来看,研究院自行制定相应的管理制度、组织结构、运行机制,研究院具有独立的人事、财务、资产等行政管理权和支配权,实行院长负责制,院长由学校任命(聘任)。按照精简、高效的原则,研究院暂设综合办公室、技术研发部、成果转化与培训服务部等三个部门,并自行拟定研究院管理办法、财务管理制度、科研项目管理办法、科研项目经费管理办法、薪酬管理制度、招投标及采购管理办法等一系列内部管理制度。

作为主办方,浙江万里学院为研究院建设发展提供相关保障。例如,配备相应的校内或校外办公场所,建设期内给予部分行政运行经费。给予一定数量的校聘岗位编制职数,对象包括行政管理人员和专业技术人员。专业技术人员可按教授系列、研究系列、工程系列等竞聘岗位,直接向学校申报。建设期间,管理人员(含院长)及专职研究人员薪酬按所聘岗位由学校全额承担。研究院在符合学校引进人才条件的基础上自主招聘引进核定的校聘专业技术人员;研究院根据自身发展需求,亦可向社会招聘事业编制外人员,人员薪酬由研究院全额承担。宁海县人民政府则提供相应的土地、人才引进、建设经费等支持。

此外,在研究院人员专业技术职称及研究生招生方面,按照相关标准给予指标数,具体指标数按照学校文件执行;研究院每年制定任务书,由学校按照任务书进行年度考核。考核重点为科研成果及水平、高端人才引进及人才培养、科技成果转化、衍生公司等方面。

(四)主要成效

1.集聚创新要素,推进产业发展

浙江万里学院作为主要推动者,在传承学校农学优势学科的基础上,大

力发展水产学科,已建成国家海洋局海洋生物种质资源高效利用协同创新公共服务平台等高水平研究平台,在水产养殖良种培育、海水养殖病害防控与环境修复等领域取得优异成绩,部分研究成果居国内领先水平。引进高端人才薛清刚教授领衔的"海水养殖贝类重要疾病防控技术研究"项目团队,正式入选宁波市 2019 年度"泛 3315 计划"现代农业领域 B 类创新团队,并获得院士工作站和博士后工作站的认定;获得文蛤"万里红""万里 2 号"两个经由农业农村部审批认定的新品种,且已推广到浙江象山、宁海、瓯海和江苏南通、盐城、连云港等地养殖,累计扩繁新品种优质苗种约 20 亿粒,推广养殖 1.8 万余亩(1 亩≈667 平方米);薛教授担任省级团队特派员首席专家,在三门县指导建设缢蛏省级良种场及贝类养殖示范基地各 1 家、省级示范专业合作社 4 家、贝类养殖专业合作社 4 家;累计技术服务示范面积 2.6 万余亩,增加经济效益 4000 余万元;开展技术培训 11 次,受训人员 900 人次;团队成员自创 1 家贝类种业科技公司。

2.产科教融合、促进应用型人才培养

产业研究院作为浙江万里学院定位应用型高校建设布局产学研合作的一个重要举措,承担着一个重要的使命,即通过实行教学、实验、基地实习相结合的人才培养方法,实现教育、科技与社会紧密结合,理论与实践相结合,教学与科技发展相结合,促进教学改革和应用型人才培养。一是深入一线,建设"双师型"师资队伍。学校加强了与渔业产业的联系,培养"双师型"教师,有效探索了校地、校企合作的新机制、新模式和新途径,学校大部分教师实现科研、教学与生产实践相结合。二是整合集成,优化实践教学体系。学校充分利用现代农业产业技术体系、企业、科研基地等资源,从更新实践内容、优化实习环节入手,强化实践教学,着力培养和提高学生实践动手能力。三是农科教融合,创新实践建设新机制。建设一批与行业紧密联系的高质量、稳定的校外实习基地,探索高校与行业和地方合作办学途径,构建了与行业优势相结合的高水平农科人才培养模式,目前农科教结合培养本科生及研究生 100 余人。

第五章　产科教融合
生态系统的构建

第一节　产科教融合生态系统的内涵与基本架构

科技创新的关键在于人才,在于教育现代化,要想实现教育现代化,就必须努力营造良好的教育生态,特别是高等教育生态。

一、生态系统与高等教育生态系统

生态系统指在自然界的一定的空间内,生物与环境构成的统一整体。在这个统一整体中,生物与环境之间相互影响、相互制约,并在一定时期内处于相对稳定的动态平衡状态。生态系统是开放系统,为了维系自身的稳定,生态系统需要不断输入能量,许多基础物质在生态系统中不断循环。

高等教育学中运用"生态"一词表示处于高等教育系统中的个体和组织具有生物体的特征,不同个体与组织之间以及与环境之间形成生物链式的相互依存、错综复杂的紧密关系,并组成统一整体。这个系统既能够整体动态地呈现出矛盾与协调、促进与抑制、平衡与失衡的状态,又能够通过一定的自我调节,渐进式地自组织发展成为一个复杂的适应系统,犹如自然界的"生态"一样追求物种的多样性,以此维持生态系统的平衡发展。与此同时,"生态"一词亦具有象征意义,寓意着构建美好和谐的高等教育系统,能够为不同个体和组织发展提供适切的生存状态。

高等教育生态系统与自然界的生态系统尽管分属不同领域,但在形态布局、运行机理、组织架构上有诸多的相似之处。高等教育生态系统以高等学校为主体,是承担着引领文化、培育人才、传播生产知识等功能的重要社会子系统,在高等教育生态系统内"居住"与"生活"的是教师、研究人员和学生。

党的十八大以来,习近平总书记站在全面建成小康社会和实现中华民族伟大复兴的战略高度,对教育工作提出了一系列新思想和新论断,内涵丰富、意义深刻,科学揭示了我国高等教育事业发展的客观规律,为实现高等教育现代化指明了前进的道路和方向。

二、基于高校视角的产科教融合生态系统

(一)内涵与特征

产科教融合生态系统就是基于生态系统所具备的特点,全面考虑政府、高校、行业企业、中介机构等主体要素和经济发展、产业升级、高等教育水平等环境要素之间的相互关系,形成一个和谐共生的有机整体。这个整体中既有点对点的关联,也有点对面、面对面的关联。本书基于高校视角阐述产科教融合生态系统(以下简称产科教生态系统),即是以高校特别是应用型本科高校为主体,审视产科教各关联方(要素),其涵盖了高等教育生态的大部分,是高等教育生态构建的关键和中流砥柱,因此具有无可比拟的作用。该系统可以理解为高校以自身为主体,在地方政府的支持下,围绕地方产业经济发展,主动与地方企业、行业、产业积极开展战略合作,通过发挥强有力的应用性研究和应用型人才培养功能,吸引和吸纳企业持续融入高素质应用型人才培养体系建设当中,最终形成将高校主体与企业主体融为一体、人才培养与社会生产融为一体、技术创新与高校企业发展融为一体的生态循环系统。政府供给生态循环的发展空间,高校与企业处于生态系统中的双主体地位,形成教育链、产业链、创新链、人才链、技术链之间相互依存、复杂交错的紧密关系,并融合为高校、企业、政府闭合的循环系统。

(二)运行机制

知识生产系统的竞争能力和高级知识生产系统的发展程度是由其通过共同演进、共同专属化和竞合知识动力机制的方式对不同知识创新模式的整合程度所决定的。产科教生态系统不断提升的适应能力和成熟程度较好地阐释了教育链、产业链、创新链和人才链动态耦合的机理。其本质特征就是在区域产业链或行业产业链中按照产业转型升级规律和创新要素生产需要进行序列化集成,将校企双方育人和生产的核心要素进行有机融合,从而完成课程供应链重塑、课程结构再造,实现企业流程重组和再造,促进组织各方的共生、互生、再生,最终实现组织间合作效益的提升。

在产科教生态系统中,不同行业、不同产业链上的企业,其生产工艺流

程、生产方式各不相同，企业的生产应用场景决定了进行产教融合创新的知识和技能的点和面之间的差异，适合其创新的组织模式、层次、群体组成也各不相同。各组织之间、各层面之间以竞合的组织关系存在，各主体以多节点、多层面、多边关系形态，共同组成相互依赖、共同演进的产教融合创新网络，构筑技术技能积累高地。行业协会、科研院所、各类园区、所属社区等利益相关者的参与程度，决定了产科教生态的协调性和适应性。政府深化产科教融合的政策的激励和支持作用会提升系统的资源配置效率，进一步优化内部组织结构和运行机制。在企业承担教育社会责任的社会环境不断优化的背景下，区域空间中产业体系的资源将会不断进行有机重组，继而呈现非线性的倍增态势，逐渐演化成为新时代"应用型高校—行业企业—政府—科研院所、园区、社区"产科教融合的"四重螺旋"创新生态系统。

（三）基本架构及各要素的角色功能

产科教生态系统主要有两大系统，分别为生命子系统和环境子系统。生命子系统构成了系统的生物成分，它由上游技术开发研究类高校或科研机构、中游中介服务类企业、下游产品制造生产企业组成，包括企业、政府、高校及研究机构、中介组织等，这些生物成分也扮演着生产者、消费者、分解者、催化剂的角色。环境子系统由经济环境、政策环境、市场环境和资源环境等组成。在产科教生态系统中，价值由上游通过中游、下游最终流向市场，信息在产科教生态系统内部四通八达地流动，同时，生命子系统与环境子系统之间的物质、能量、信息也在不断地流动。

对于产科教生态系统，我们不仅要研究其构成要素，而且要研究要素之间、要素与内外部环境之间的动态过程。我们可以借鉴自然生态系统中的生产者、分解者、消费者、催化剂之间互相作用的原理来进行阐述（见表5-1）。

表 5-1　产科教生态系统构成要素及其角色功能

		描述	要素功能
环境子系统	内部环境	高校的保障要素与具体措施	营造良好的内部氛围，促进内部要素循环，提供达成目标所需的内部条件
	外部环境	企业的需求、政府的引导	引导产科教发展方向，提供外部需求和必要的支持

续表

		描述	要素功能
生命子系统	生产者	角度1:广大师生、科研团队 角度2:企业、地方政府	角度1:产生智力资源,提供产科教生态系统运行的原始动力 角度2:产生贴近市场的产科教融合案例、实践课程与地方应用场景
	分解者	各类产科教平台、孵化机构、中试与产业化基地等	提供成果转移转化、项目孵化的平台,对资金流、信息流、知识流进行分解;亦作为人才、技术集聚的场所
	消费者	角度1:企业、地方政府 角度2:广大师生、科研团队	角度1:吸收、转移转化产科教成果为自身所有,同时"买单" 角度2:对企业、政府提供的案例进行转化以适用于教学,通过横向、纵向科研项目的实施反哺教育教学
	催化剂	各类中介机构、技术经纪人、科技特派员	加速产科教生态系统的运行,起到桥梁、催化作用

自然生态系统具有生态性和互动性,正是这种互动性促使产科教生态系统的内外部环境,以及系统内部各要素之间打破壁垒,呈现一种开放的姿态,实现多渠道互动与交流。研究产科教生态系统,就要弄清楚各种信息流、资金流、知识流在各要素之间的流动关系与机制。

1.形成产科教生态系统的"消费者"与"生产者"的双向信息流和资金流

从企业作为消费者、高校作为生产者的角度看,企业要不定期地发布技术需求、人才需求、项目需求信息,主动寻求与高校的合作,并要有主动革新的意识,具有把最前沿的技术加以运用、加以开发的勇气,要争做行业的领头羊。高校作为科研、教学的实施者,应主动对接市场、对接企业,积极为企业解决生产实际问题,通过订单培养、合办专业等模式来解决应用型人才培养目标与需求不匹配的问题,通过为地方政府提供智力支持,助力地方经济转型升级。从高校作为消费者、企业作为生产者的角度看,地方高校应牢牢把握应用型基本定位,努力把企业的最新案例转化为教学案例,通过聘请企业导师、共同开发课程、建立实践基地、建立人才双向流通渠道等一系列措施提升自身的教育教学水平和科研能力。应逐步建立以项目为核心、人才为基础、资金为纽带的校企合作机制,形成健康的信息流、资金流、人才流。通过合作,高校不断沉淀学科科研核心内容,不断沉淀创新的体制机制,不断沉淀人才培养核心指标,不断沉淀优秀的师资队伍。政府无论作为消费者还是生产者,都应该从顶层设计、制度引领、协同机制创建、平台搭建、财政激励等方面着手,统筹协调校企合作,促进信息流、资金流、人才流的流通。

2. 强化产科教生态系统的"生产者"到"分解者"、"分解者"到"消费者"的知识流的流通和支持机制

高校无论作为生产者还是消费者,都要不断搭建各类产科教平台,特别是产业学院和产业研究院这类人才、资金、项目高度集聚的创新性平台,并积极探索混合所有制合作模式,着重梳理相应的管理机制、运行机制、激励机制、创新机制,着重处理好公益与市场的关系。政府和企业则应积极促成产业学院、产业研究院的搭建,正是有了这类分解者,产科教生态系统的"生产者"到"分解者"、"分解者"到"消费者"的知识流才得以高效、双向、健康流动。

3. 不同类型的"催化剂"促进了产科教生态系统各个环节的循环流动

作为高校,既要发挥好法律、财务、投资机构的中介作用,也要加强与各类行业协会、商会、政府招商部门、科技部门的联动,同时要建立一支素质过硬、有韧劲、有干劲的技术经纪人队伍,要加强与政府部门的信息沟通,充分利用"政府搭台"的机会来催化产科教生态系统各环节的流动。另外一个值得提倡的制度是高校的"科技特派员"制度,科技特派员也是催化剂,其通过技术下乡推动了地方经济、产业的发展,而这又反推高校科研能力的提升,并为学生的实习实训提供支持。

综合上述分析,我们可以初步得出产科教生态系统各要素的流动关系,见图5-1。

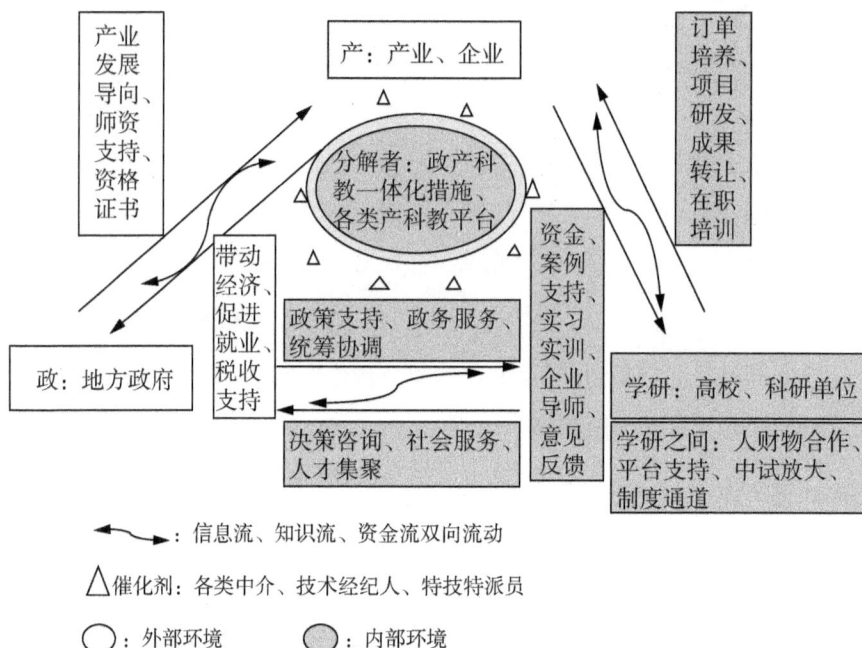

图 5-1　产科教生态系统各要素流动关系

三、浙江万里学院产科教生态系统的理论模型

浙江万里学院是一所具有 70 年办学历史的省属普通本科高校。1999 年，经教育部批准成为"公办高校实行新的管理模式和运行机制"的新型高校，被教育专家誉为"中国特色现代大学制度的范例性实践"。学校坚守应用型的办学定位、服务型的办学追求、创业型的办学特色、国际化的办学特征，充分发挥体制机制的创新优势，以特色鲜明高水平应用型大学建设为目标，着力形成以产科教融合、校政企协同、国际化合作、创新创业教育"四轮驱动"的办学格局。

要建设成高水平应用型大学，构建产科教生态系统是重要的路径和模式。首先应当明白，应用型大学的产科教生态系统不仅关乎政、产、学、研、资、介多方之间的关系问题，更关乎基础研究、应用研究、技术转移转化、产业创新、创新创业孵化、人才培养、政策引导、资本运作、中介服务等多领域的功能耦合。它不是政、产、学、研、资、介各要素的简单叠加，而是各要素的有机融合，形成你中有我、我中有你、互相依存、互相平衡、共同发展的状态；它不仅是大学内部院系、学科之间的融合，更是大学与产业部门、政府部门之间有组织、系统化的合作,这种融合不是单纯的项目合作,而是扩展到了组织管理、创新创业等几乎所有领域,真正形成了由相同的价值导向、稳固的制度基础、良性的运行机制所构成的共生演进的利益共同体。

在"十四五"开局之际,浙江省属高校迎来了新一轮的发展机遇,地方高校形成具有自身特色的产科教生态系统已迫在眉睫。以浙江万里学院为例,浙江万里学院的举办者——浙江省万里教育集团的董事长应雄提出了"大桥理论",即学校好比是一座大桥,各个学科是桥墩,是支撑大桥的四梁八柱,各院系和行政管理部门是连接桥墩的桥面,起到了保障和连通作用。基于"大桥理论",本书以国家部委有关应用型高校和产教融合发展政策背景为指引,结合浙江万里学院的办学历史、所属区域、自身特点以及体制机制的特殊性,初步构建产科教生态系统的理论模型。该系统凝练内部环境各要素作为保障支撑,与各级地方政府和企业需求等外部环境充分互动,通过一系列的改革创新措施,最终构建一个由技术、人才、资本、项目、制度、平台等多要素的有机组合的创新系统,并形成自我循环、自我造血、自我发展的良性局面。该系统的理论框架见图 5-2。

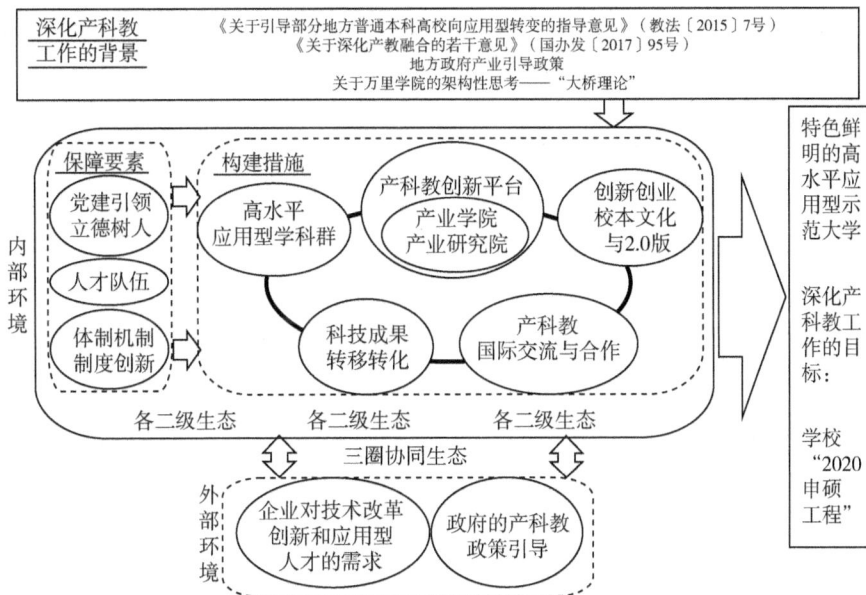

图 5-2　浙江万里学院产科教生态系统的理论模型

该系统的构建对于学校办学目标的实现具有积极的指导意义,有助于学校厘清发展思路,发扬优势,补齐短板,并逐渐沉淀学校自身的文化底蕴。下文将基于上述理论模型进行阐述。

第二节 产科教融合生态系统的内外部环境

产科教生态系统是综合了高校、地方政府、行业企业、中介机构等主体的多元化发展体系。基于上节构建的理论模型,产科教生态系统包括外部环境和内部环境,外部环境与内部环境彼此交互、彼此融合,外部环境为内部环境提供需求和动力,同时反馈于内部环境,内部环境为外部环境提供原始创新力和能量,并逐步改变外部环境。外部环境和内部环境共同构建了产科教生态系统的核心部分。

一、外部环境

外部环境大致有三类:一是企业对技术创新和应用型人才的需求;二是政府的产科教政策引导;三是如行业协会、社会第三方等中介机构的黏合与催化作用,本书主要论述前两类。

(一)企业对技术创新和应用型人才的需求

随着社会经济的发展和分工的细化,企业发展逐步由粗放型转变为技术驱动型,由劳动密集型转变为技术密集型、人才密集型。技术创新和对人才的需求,特别是对应用型人才的需求成为现代企业发展的不竭动力。尽管企业也正逐步成为技术创新的载体,但目前中国还是以中小企业为主,其技术创新能力和财力都十分有限,大学因其汇聚大量的人才、智力资源,成为这些中小企业可以依托的对象。但是在以往的产科教合作中,企业的盈利模式往往不明确,合作各方的产权投入关系不清晰,导致企业的积极性不高。

要构建健康的产科教生态系统,必须更加重视企业的主体地位和主观能动性。要积极鼓励企业通过参与修订专业培养方案、开设专题讲座、为学生提供实习机会、为教师提供锻炼机会等多种方式与学校展开合作,引导学校在专业设置、教学内容、教学目标等方面以市场需求为坐标加以调整,使人才培养的质量能够达到企业的用人标准。

（二）政府的产科教政策引导

政府是产科教生态系统的统筹规划者，政府在协调高校与企业、中介机构与企业、高校与科研机构之间的协作关系，以及人力与物质资源配置关系等方面起到了至关重要的作用。

一直以来，业界对政府干预过多的质疑不绝于耳。事实上，在引导产业发展中，政府的力量不可或缺。诸如共性技术缺失、基础薄弱等问题，单靠市场机制和企业、高校的力量解决不了；一些市场机制失灵的地带，需要政府的力量来修复。也正因为如此，政府制定重大产业政策引导产业发展是大国的通行做法。

教育部、国家发改委、财政部于 2015 年下发了《关于引导部分地方普通本科高校向应用型转变的指导意见》，明确了应用型高校的类型定位，即将办学思路转到服务地方经济社会发展、产教融合校企合作、培养应用型与技术技能型人才、增强学生就业创业能力上来，全面提高学校服务区域经济社会发展和创新驱动发展的能力。国务院办公厅于 2017 年下发了《关于深化产教融合的若干意见》，指出深化职业教育、高等教育等改革，发挥企业重要主体作用，促进人才培养供给侧和产业需求侧结构要素融合，培养高素质创新人才和技术技能型人才。2017 年 11 月，浙江省委省政府印发的《高水平建设人才强省行动纲要》中指出，加快建设一批高水平大学，实施浙江省高等教育强省战略行动计划和省重点高校建设规划。该文件的出台也是对浙江省"八八战略"，以及积极推进科教兴省、人才强省，加强建设文化大省这一战略的细化、深化和具体化。

要维持产科教生态系统的健康，政府除了出台上述指导性的、纲领性的政策外，还应做好以下几方面工作：一是做好顶层设计，指导高校建立政、产、学、用协同机制，搭建协同创新平台，打通高校间、学科间的壁垒；二是制定促进校企合作发展的规章制度，设计推出一系列引领性的产教融合项目，将各主体间的自由合作纳入政府管理，将利益相关方纳入政策制定范畴；三是要通过产业布局引领发展，通过构建未来产业链、补齐新兴产业链、强化传统产业链和持续提升产业链的举措来实现产业链攀升和价值链提升；四是通过财政手段扶持高校的学科建设面向市场、面向产业，通过投资融资、财税优惠、专项奖励、行业认证等政策制度引领，保障市场主体的公平有序、科学协同发展。

二、内部环境

高校的办学定位、建设目标以及达成这个目标的保障要素共同组成了产科教生态系统的内部环境。

(一)办学定位与建设目标

办学定位是高校举办者和办学者关于高校发展目标的教育理念,它关系到一所大学的方向选择、角色定位和办学特色。办学定位是学校发展的起点,也是学校改革发展的依据,只有明确了自身定位,才能制定科学的发展战略,创出品牌,办出特色。

随着《关于引导部分地方普通本科高校向应用型转变的指导意见》《关于深化产教融合的若干意见》《中国教育现代化2035》等一系列国家政策的出台,以应用型本科高校为我国地方普通本科院校主力军的基调基本形成。应用型本科高校立足地方,服务地方,以社会需求为导向,通过多元化方式和途径培养高素质应用型人才;人才培养和社会服务并重,兼顾科学研究;以应用性学科专业群作支撑,主要培养擅长于技术应用、知识应用乃至创新应用的人才。

以浙江万里学院为例,学校遵循习近平总书记考察万里学院时强调的"真正以学生为主体的教育模式"的讲话精神,贯彻党的十九大报告提出的"全面贯彻党的教育方针,落实立德树人根本任务",以建设特色鲜明的高水平应用型大学为目标,致力于生物与医药、大数据、人工智能、港口经济等区域产业重点领域的人才培养与应用型学科研究,着力培养具有创新精神、创业能力和国际视野的高素质应用型人才,成为区域应用型高等教育的示范引领者,为区域经济社会发展提供强有力的人才和智力支撑。

作为地方高校,应用型大学应当紧紧依托地方社会的优势产业、特色产业,以产业链为主轴,明确学校为地方产业行业企业发展服务的办学定位,在此基础上构建适合地方产业发展的研究团队,整合研究资源,调整学科专业结构,优化学科专业布局,整合创新链和人才链,打造教育链,建设具有区域特色的产科教生态体系。

(二)保障要素

在产科教生态系统的内部环境中,为实现高校办学定位与建设目标,必须有一定的保障要素。对于地方应用型本科高校而言,保障要素主要有以下三个。

1.党建引领,立德树人

习近平总书记指出,加强党对高校的领导,加强和改进高校党的建设,是办好中国特色社会主义大学的根本保证。[①] 党的十八大以来,习近平总书记从全局和战略高度,对我国高等教育的发展和高校思想政治教育工作发表了一系列重要论述,这是中国特色社会主义教育理论的重大创新成果,也是加强新形势下高校思想政治工作、办好中国特色社会主义高校的行动纲领。

立德树人是办好中国特色社会主义高校的立身之本。孔子曰:"德若水之源,才若水之波;德若木之根,才若木之枝。"2018 年 5 月,习近平总书记在同北京大学师生的座谈中指出:"大学是立德树人、培养人才的地方,是青年人学习知识、增长才干、放飞梦想的地方。"[②]立德树人,是新时代高校思想政治工作创新发展的中心环节,是高校思想政治工作的本质要求和价值诉求,是当代高等教育的生命和灵魂。

党建引领、立德树人是高等教育的生命和灵魂,理所当然是高校产科教工作的指明灯。浙江万里学院准确把握和全面落实新时代党的建设总要求,紧紧围绕立德树人根本任务,坚持全员全程全方位育人,深化和完善大思政格局。通过党建引领、立德树人,学校的产科教工作有了政治保证和理论支撑,相关工作不跑偏、不落后,紧紧契合时代的步伐。

2.加强人才队伍建设,做好人才服务工作

人才队伍是产科教生态系统中的重要因素,甚至是决定因素,只有做好人才队伍建设,才能推动产科教各项工作有序进行。

---

①　习近平:加强党对高校的领导[N].京华时报,2014-12-30.

②　习近平:在北京大学师生座谈会上的讲话[EB/OL].(2018-05-03)[2020-12-01].https://baijiahao.baidu.com/s? id=1599397195856148325&wfr=spider&for=pc.

浙江万里学院多举措加强人才队伍建设。如：根据学科与专业发展要求，建立了以二级学院为主体，职能部门指导、服务与监督，责、权、利前移，灵活多样的人才引进体系；成立高层次人才领导小组，形成了高层次人才引进的"一人一议"绿色通道；以浙江万里学院汉堡校区、宁波海上丝绸之路研究院为依托，建立海外引才基地；构建更精准、更灵活的人才服务制度体系，完善人才引进的配套措施，提高人才待遇；以专聘教师形式聘请政府、企业、行业协会等人才来校担任学业导师、职业导师、实践导师等。

3.保持体制机制优势，加强制度创新

对于产科教生态系统来说，制度创新必不可少，不健全的制度设计是产科教合作中资源利用率低的主要原因，为保证产科教合作各方利益得以实现，必须建立一系列合理配置资源、行之有效的制度体系。

浙江万里学院是具有"民办、公助、国有"特殊体制机制的高校，自1999年由浙江农村技术师范专科学校改制以来，始终坚持制度创新，尤其在产科教方面，始终坚持问题导向，始终坚持宽容失败、科技成果利益共享的原则。高校的发展，人才是关键，学科是基础，经费是保障，尤其是对于浙江万里学院这种财政经费极其有限的学校来说，更要通过体制机制创新，不断提升服务地方的能力，以技术服务（转让）、共建平台、衍生公司（股权合作）、共同申报课题、企业资助、校友基金等形式不断提高学校办学经费的筹措能力。

学校对外拓展经费来源，对内优化经费支出，不断健全绩效考核评价制度，深化绩效工资制度改革，完善符合学校实际、体现岗位绩效和分类分级管理的教职工收入分配制度体系以及科学的薪酬增长机制，加快形成以章程为统领的系统完备、科学规范、运行有效的制度体系。同时，深化校院两级管理，推进内部管理体制改革，相继出台了《浙江万里学院产业（行业特色）学院管理办法》《浙江万里学院产业研究院管理办法》《浙江万里学院促进科技成果转移转化办法》等，并正在着手制定产业学院、产业研究院的具体实施细则和奖励办法；修订《浙江万里学院专业技术职务任职资格申报条件与要求》，明确提出晋升职称必须有半年的企业挂职锻炼经历，专门出台了《浙江万里学院与高新区、开发区产科教合作专项行动实施方案》，并研制形成了促进师生创新创业、知识（技术）转化、学院和部门外围拓展等方面的系列管理规范、

奖励机制,如知识产权管理办法、专利转让管理办法、科研成果产业化基金管理办法等。

为推进产科教一体化,学校注重顶层组织设计,组建了由学科专家、教育专家、行业专家组成的建设指导与咨询专家委员会;注重中层组织推进,要求各专业健全由政府主管部门、行业协会、学科专家等组成的专业教学委员会,从学科专业组织机构上保证了学科研究、专业教学与社会、行业的紧密联系。为系统推进产科教一体化,2008年成立了产科教领导小组,设立了产科教合作办公室,配置了专门工作人员,这些对外协调机构成为专门负责联络、组织、推进各类产科教合作项目的工作机构。

浙江万里学院坚信:只有创新,才能发展;在创新的路上,学校既要避免教条主义,也要解放思想、与时俱进。

第三节　产科教三圈协同生态模型与校院二级生态的模型分析

打造新的产科教生态系统需要确立新的生态战略思维。所谓生态战略思维,就是要从过去的线性战略思维、单一封闭的产业链思维转向非线性生态战略思维,确立共创共赢、产业链开放、用户融合的生态圈。从战略的宽度来讲,需要跨界融合、开放无界;从战略的高度来讲,需要跳出单一的学术研究、基础研究、产业研究的范畴,真正站在整个社会经济发展全局的角度去思考产科教之间的融合。这里的融合既有体制的融合、人才培养体系的融合、课程的融合,也有管理的融合、文化的融合,没有这些融合,产科教生态系统的构建就难以落到实处。除了融合,还需要协同,社会系统学派认为,协同意愿、共同目标和信息沟通是协同系统的三个基本要素。只有建立共同的协同愿景,找到共同的利益契合点和目标,不断进行信息沟通和联系,才能形成结构合理、功能畅通、信息自由而高效流动的产科教生态系统。

一、三圈协同生态模型

从协同角度分析,产科教生态系统可以由校地协同生态圈、产科协同生态圈、院企协同生态圈三个生态圈构成,这三个生态圈既互相独立又互相融合,既彼此交叉又彼此关联,既有一定的流动性又能达到一定的平衡(见图5-3)。

以浙江万里学院为例,学校坚持打造校地协同生态圈,始终立足地方、服务地方,学校还专门成立了校地合作部,开展多种模式的校地合作。

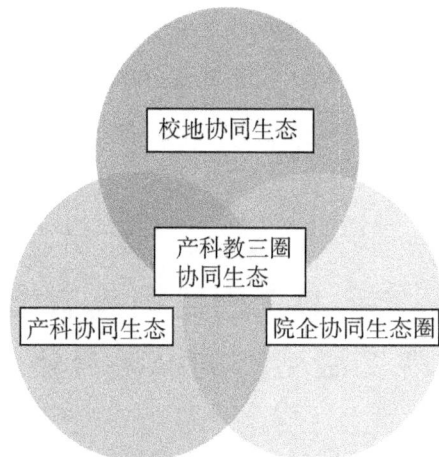

图 5-3 三圈协同生态模型

学校坚持打造产科协同生态圈,重点围绕浙江海洋经济、跨境电商等区域产业需求,聚焦宁波"246"万千级产业集群,重点服务电子信息、软件与新兴服务五千亿级产业集群和生物医药千亿级产业集群,通过与区域内各个产业集群的对接,学校的学科、科研更加注重应用性,更加贴近产业前沿,更加面向市场。随着学科、科研水平的提升,学校的教育教学质量也相应提升,这直接反映在了学生就业指标上:2020年3月,浙江省教育评估院报告显示,学校38个专业(全省布点数大于5个以上专业纳入统计)中,在就业率、创业率、升学率、月薪水平、总体满意度、专业相关度等6项毕业生质量核心指标方面,进入全省同专业综合排名前50%的专业达29个,其中英语、市场营销、国际经济与贸易、日语、统计学、金融学、信息管理与信息系统7个专业综合排名位于前30%。

学校坚持打造院企协同生态圈,近年来不断深化二级学院管理,通过制度创新鼓励各二级学院开展对外合作,从而丰富办学经费来源,调动广大教师、科研人员的积极性。截至 2020 年底,学校共有省市级科研创新平台 27 个,拥有 2 个省级研究生联合培养基地和 69 个产科教平台(其中 10 个产业学院和 3 个产业研究院),基本形成每个二级学院建有 1 个产科教平台的总体格局。

近年来,学校通过校地协同生态圈、产科协同生态圈、院企协同生态圈"三圈"的融合构建,逐步形成了具有"万里"特色的产科教生态系统。

二、基于二级管理的校院二级生态模型

学院是办学的基本单位和主体,其办学绩效直接体现和决定了高校办学质量和综合实力。为适应多学科专业特色发展的内在要求,提高办学效能,增强二级学院主动办学的责任意识和效益意识,浙江万里学院实行校院二级管理,赋予二级学院更大的办学自主权。

(一)二级管理的内涵与价值

学校把以人事与财务为核心的办学权力下放给二级学院,构建形成了责、权、利相统一的管理模式。学校负责规划指导、宏观调控、过程监督和结果考核;二级学院结合学院学科专业特点、师生情况、教学条件等,制定适合本学院实际的管理制度和具体实施方案;学校通过完善重大贡献和突出业绩奖励制度,探索建构二级学院生均拨款为主、其他影响因子调适的财务资源分配机制,实行办学绩效与二级学院拨款有机联动,打造卓越追求中的学院品牌,鼓励二级学院为学校特色发展和跨越发展做出各自贡献。

在二级管理的运行过程中,表面上是对人、财、物等资源配置的优化,实质上是对事权的切分与优化,是权利、义务与责任的全面匹配。

校院二级管理延伸了治理的触角,加大了治理结构的张力,不仅促进了二级学院节支节流,更推动了二级学院办成面向市场的准办学实体,增强了二级学院主动对接市场的意识,提高了二级学院的资源拓展能力。

(二)二级产科教生态的构建

浙江万里学院通过赋予二级学院高度的财务自主权,推进二级学院实行自主分配机制,二级学院可依法多渠道筹措办学资金,承担完全的理财责任。与此同时,学校专门设立了推进和管理产教融合的校地合作部,印发了《浙江万里学院校地合作管理办法(试行)》《浙江万里学院产业研究院管理办法(试行)》《浙江万里学院产业(行业特色)学院管理办法(试行)》,出台了《浙江万里学院合同管理办法(试行)》《浙江万里学院省部级以下各级各类科研项目支持奖励办法(试行)》,完善了成果转化、技术交易及知识产权交易的分配制度。

学校通过组织再造和制度创新,激发了二级学院校政企合作的主动性和积极性,也进一步释放了二级学院科研创新活力,使其积极推进产业学院、产业研究院以及其他产科教一体化平台、协同创新中心等系列建设,积极培育、孵化、扶持一批具有成长潜力的科技项目,增强科技创新的经费引入,形成了社会力量办学为主的投入机制、滚动发展的融资机制、科技培育孵化的转换机制,实现了办学经费来源的多元化和结构优化。基于各二级学院的二级产科教生态逐步形成,并实现良性循环,各二级生态又构成了学校整体生态。

第四节　产科教融合生态系统的构建原则与措施

一、构建原则

(一)坚持一切以满足学生学习需求,最大限度地促进学生自由发展为终极追求的发展思路

尽管区域经济发展的外部力量是驱动产科教生态系统建设的重要动力之一,但是生态系统建设不能完全被经济利益所牵动,也不能将办学经济效益作为终极发展目标,而应当在追求合理利益的原则下,坚持探索一条符合高等教育发展规律的应然路径,摒弃"以质量换收益""以质量换规模"的建设模式。

(二)坚持以高等教育质量提升为根本的发展战略

质量是高等教育的生命线,这既是高校获得核心竞争力的重要保障,也是高等教育本质属性的必然要求。目前,在各种高校评价指标体系的规制和外部市场力量的诱惑下,学术论文和专利发明等科研成果成为高校获得资源支持和赢得社会声誉的主要突破口,同时,由于人才培养质量的滞后性和难以测量性,在科研成果即时收益与教育教学延迟效益的强烈对比下,"重科研轻教学"已经成为高校的一种管理常态。然而,人才培养是高校的生存之本,是高等教育具有不可替代性的根本保证。在产科教生态系统建设过程中,唯有坚守质量底线,才能在区域竞争乃至国内外竞争中立于不败之地。

(三)坚持更好地为区域社会经济服务的发展目标

当前,高等教育已经难以脱离社会而独善其身,成为社会经济发展的动力站。产科教生态系统的构建并不仅仅是一个简单的教育话题,而是一个集合了产业合作、人才培养、知识生产、技术创新、经济发展、文化引领等目标要素于一体的多维度、多层次、多功能的综合性工程。因此,产科教生态系统建设必须从服务区域发展的全局出发,重点从开发人力资本、激活科技创新两个层面来为产业的长远发展服务,切不可将与产业、企业的合作仅作为获取办学经费的手段。

二、构建路径与措施

实现产科教生态系统的良性健康发展,需要协调系统内各主体之间、内外部环境之间的相互关系和作用方式,调控系统的能源流、物质流、信息流、资金流,从而保持系统的协调、平衡与稳定。本书概括了 5 个方面的构建措施。

(一)建设高水平应用型学科群

地方高校要避免"大而全、多而广"的学科发展模式,应当基于区域优势产业,集中力量培养优势学科,走出"象牙塔",主动寻找与区域产业、企业共生发展带,使应用型学科"落地生根",服务区域经济发展。如浙江省的高校可紧密对接数字经济、"互联网＋"、新兴服务业等产业，以应用型和新兴交叉学科为发展重点，"走出去"办学，为地方培养更多理论知识过硬、动手能力强、思想素质高的应用型人才。

近年来，浙江万里学院不断优化专业布局，加强专业内涵建设，高度重视一流本科专业建设。截至 2020 年底，9 个专业获评国家一流本科专业，6 个专业成为省级一流本科专业。学校以社会需求为导向，立足区域产业发展，开展专业综合改革，满足学生多元需求，重构以能力培养为核心、"基础＋核心＋模块"为主线的三层次课程体系。专业和课程体系的构建离不开制度保障，为此，学校制定了《浙江万里学院学科建设指导性意见》，修订了《浙江万里学院学科管理办法》。未来，学校将以应用型为导向，学科专业一体统筹，协同推进，特色发展；主动面向浙江省数字经济、生命健康和"八大万亿产业"，对接宁波"246"万千亿产业集群，在大数据、人工智能、生物与医药、港口经济、文化创意等重点领域，着力实现局部创新或应用创新的某一方面的突破，重塑学科专业体系。

（二）建设产业学院和产业研究院等产科教融合平台

产科教生态系统主要有高校、政府和企业 3 个主体，要想促进协同创新，必须构建创新平台，促进三个主体之间的信息、人才、资金、项目、技术等要素的流通、互换与共享，实现彼此之间的利益最大化和效能最优化。

浙江万里学院依托信息与通信工程、计算机科学与技术、生物工程、管理科学与工程、应用经济学等优势学科，组建了一批颇具特色的产业学院和产业研究院，设有宁波文化创意学院、宁波万里东软数字产业学院、宁波知识产权学院、宁波市跨境电子商务学院、智慧财经学院等 11 个产业学院，以及宁海海洋生物种业研究院、宁波海上丝绸之路研究院、数字产业研究院、宁波精准扶贫研究院等 4 个产业研究院，基本形成每个专业学院建有 1 个产业学院或产业研究院的总体格局。通过产业学院、产业研究院的建设，学校集聚了一批省市级领军人才，形成了一批以省级发明奖、省级科技进步奖和行业促进奖为代表的高水平成果，助力宁波建设海洋经济发展示范区、国家级"一带一路"综合试验区和跨境电子商务综合试验区。

学校在建设产业学院、产业研究院时着重思考两个转化，处理好五对"关系"。两个"转化"：一是把合作意向转化为可实施的合作方案，因为产业学院和产业研究院的建设,不是单方面的,会涉及合作共建的政府、企业各方,做好沟通、画好蓝图、讲好故事至关重要;二是把可实施的规划方案转化为可持续运行的工作方案,即把规划蓝图变成实际运行操作的方案。五对"关系":一是万里学院与举办者万里教育集团的关系;二是产业学院、产业研究院和学校的关系;三是产业学院、产业研究院和学校各二级学院的关系;四是产业学院、产业研究院和合作方的关系;五是产业学院、产业研究院和所依托运营公司的关系。处理好这五对"关系"有助于创新平台各要素形成良好的互动效应,有助于把相关工作有机地融入学校各部门,有助于科研工作作为根基和源泉继续发挥活力,有助于合作项目接轨市场,可持续运行。

在构建产业学院、产业研究院等创新平台的同时,学校还积极探索实施"三园合一"产教协同育人模式。在过去,举办行业"特色班"、共建联合培养基地、共建研究平台、共同承担科技项目等是校企合作的主要方式。这种合作方式天然地具有零散化、随意性、短期性的特征,导致校企合作松散、短视、片面、难以推动产业发展。要构建产科教生态系统,就必须联动政府、高校、科研院所和相关企业尤其是龙头企业,围绕产业关键技术、核心工艺、人才供给等共性问题开展协同创新,构建校政企合作长效机制,以应用性科研带动高质量人才培养,不断增强学校的办学实力和企业的核心竞争力,更好地促进高校与企业互动、共荣,共同服务区域社会发展。

(三)培育创新创业校本文化,打造创新创业 2.0 版

浙江万里学院一直倡导培育创新创业校本文化,打造创新创业 2.0 版。在创业时代网发布的"中国大学创业竞争力排行榜 500 强·2019"榜单中,学校名列全国第 28 位,位居全省第二。学校逐步形成了"技术＋市场＋模式＋资本＋人才"的创业生态,在组织架构、平台延展、课程推进、导师评聘、活动保障等 5 个方面建构了开放性的创业教育体系与平台,有效提升了大学生创新创业能力。

1.创新创业校本文化

高校作为一种文化组织,具有追求创新的文化传统,而创业因子原本也存在于高校的组织文化当中,在创新创业已经成为社会发展驱动力的今天,我们需要正视创新创业校本文化的价值,激活、传播、弘扬基于高校特色的创

新创业校本文化,并发挥其在高校人才培养、科学研究、社会服务中应有的作用,使高校在创新驱动时代为国家产出强劲的核心竞争力。

创新创业校本文化是创新创业教育深入推进的土壤与支撑,能够孕育创新创业的希望,孵化创新创业的种子,引导和激励全民投身创新创业实践。当前,进一步传承和革新创新创业校本文化,应着力做好以下几方面工作。

第一,进一步优化学生的跨学科知识结构,凸显学生建构创新创业校本文化的主体地位。创新创业校本文化是在创新创业教育实践活动中自然凝练而成的精神气质与文化涵养。这种文化阐释了全体师生对创新创业的精神追求和价值理念,昭示了学生作为文化主体对创新创业教育实践活动的能动性和创造性,是具有主体意识的学生在学校主导的科学探究活动过程中创生而成的一种文化生态。倘若没有凸显学生的主动参与和积极投入的主体地位,那么创新创业校本文化必定是僵化的流程和死板的教条。与此同时,创新创业教育实践活动是一项系统而复杂的工程,需要融合并灵活运用基础学科与应用学科、人文社科与理工学科等多种学科知识。要进一步传承和革新创新创业校本文化,首先应当夯实和拓宽学生的专业知识结构,将人工智能、大数据、信息技术等时代前沿知识与学科知识融入学生的知识结构,促使学生掌握多学科知识,并能将理论知识与实践知识相互融通。在此基础上,高校要基于学生作为文化主体的立场来审视创新创业文化对学生的适切性,给予学生更大的创新创业自主权,激活学生创新创业的主人翁意识和主体意识,逐步驱使学生主动建构创新创业校本文化。

第二,构建政府、高校、企业协同共创共融的创新创业校本文化共同体。高校创新创业教育实践活动的持续深入有赖于创新创业意识的养成与坚守,有赖于外部制度空间对创新创业实践活动的助力和内部实践主体对创新创业素养的内化。政府、高校、企业协同创建的创新创业校本文化共同体,是融通创新创业教育实践活动外部制度空间支持与内部素养养成的机制与路径,能够生成凝聚政府、企业、高校、教师与学生个体等多元利益主体的文化向心力。政府要在顶层设计上给予有利于创新创业校本文化共同体生成的制度安排,出台吸引企业积极融入创新创业校本文化共同体的优惠政策,建构高校与企业共创共赢的管理体制,以拓展高校与企业有机融合的深度与广度,提高创新创业教育实践活动的效益,形成创新创业校本文化共同体的"文化引力"。就高校而言,高校要从物质文化和精神文化层面出发,优化空间结构布局和基础服务设施,强化师生的创新创业意识和潜能,将创新元素与创新文化融入教育生态,促进学生对创新创业教育实践活动由内至外地形成价值认同、行为趋同,增强创新创业校本文化的影响力和感染力,吸纳企业积极融入创新创业校本文化共同体生态圈,提升创新创业教育活动的"文化实力"。

第三,强化创业实践,提升学生的创新创业素养与能力。创新创业校本文化需要依托学生作为文化载体在创业教育活动尤其是在创业实践中来传承与革新。要弘扬创新创业校本文化,高校应当在开展专业教育和开设创新创业理论课程的同时,增设创新创业实践课程模块。事实上,这种创新创业实践课程融入了社会、融合了企业,能够让学生在实践中明晰企业创办、管理、运营的基本技能,感知行业企业发展的历史脉络与前沿动向以及现实需求,使学生能够将创新创业理论知识转化为实践知识,提高创新创业实践能力。同时,高校还可以利用通识教育、创新创业讲座、校园文化活动、创新创业竞赛、企业社会实践等多种活动对学生开展隐性的创新创业教育,分阶段有针对性地将职业生涯规划、创业意识与技能、就业准备等内容融入各种实践活动当中,切实提高学生创新创业的素养与能力,塑造输出创新创业校本文化的优质载体。

2.创新创业 2.0 版

在打造创新创业教育 2.0 版中,浙江万里学院的很多做法值得地方应用型大学推广。如:打造以"众创空间"为特色的创业学院,构建校、地二级链状孵化服务网络,为学生创业教育、创业实践提供空间;把大学生创业园、创业实训中心打造成创新创业人才培育高地,充分发挥"全国高校创业指导师培训基地"和"市级创业教育示范基地"的功能,为创业教育与实践提供坚强保障;利用创业基础、创业技能、创业项目、创业实践四大模块,结合地方经济特色及"电商""互联网+""文化+"等创业热点,共建一批专业与创业融合、理论与实践结合的学科类创业课程等。学校于 2004 年开始探索课堂教学改革,在校内设立教学改革创新试验区,由点到面系统推进,形成了能力导向、问题引导、任务驱动、合作研学、多元评价、课内外一体、研学做结合的研究性教学模式,培养学生自主探究、团队合作、创新探索、表达展示等发展性品质,多元过程性评价激发学生学习兴趣。

在研究生创新创业教育上,以提升研究生工程实践能力和创新精神为核心,深化产教融合,创建校地共建、校企共育的"企业实习在先、理论学习随后、项目研究对接、实践应用贯穿"的产、学、研、用递进式培养模式,设计面向专业学位研究生教育的"企业见习、项目研究、实践应用"三段式实践教学体系和以产品应用为导向的项目制教学内容,建立多层次校企联合培养支撑平台,推进"双导师制"、"双课堂"教学,严格落实"学术+应用"双成果评价标准,所形成的"服务所需,产、学、研、用递进式工程硕士培养模式的探索与实践"获浙江省研究生教育成果奖二等奖,"学术与工程能力双重要求的生物工程硕士培养模式探索与实践"获宁波市教学成果奖一等奖。

(四)加强产科教国际化合作

浙江万里学院近年不断推进产科教国际化合作,合作院校层次不断提升,交流频率不断增多,小语种人才培养模式初步形成,与俄罗斯雅罗斯拉夫国立大学、捷克赫拉德兹-克拉洛韦大学等院校合作成立的"一带一路"语言学院,与俄罗斯雅罗斯拉夫国立大学成立的中国语言文化中心,社会效益初显。2018年9月28日,浙江万里学院汉堡校区成立,该校区是由万里学院自主管理、公司化运作的实体办学机构,采用租赁校舍的方式轻资产运行,校区依托德国汉堡设计与传播应用科学大学引入各类教学与实习资源,旨在讲好中国故事、传播中国声音,建立中德企业合作网络和中德学生实践教学平台,为中德两国企业培养跨文化人才。该校区的成立,是浙江万里学院继引进国际优质教育资源、举办我国首家中外合作办学机构——宁波诺丁汉大学之后,在教育国际化、高等教育"走出去"方面的又一次全新探索,开创了同"一带一路"沿线国家的教育交流与合作的新模式。

(五)加强科技成果转移转化,服务区域经济

科技成果转移转化是产科教生态系统中的重要通道,是由"科"到"产"的必经之路,是高校服务地方、实现社会效益与经济效益的桥梁。浙江万里学院在这一方面做了积极的探索。一方面,加大宣传,加强调研,充分了解科技成果转化关联方的诉求,发挥各自积极性。另一方面,不断丰富科技成果转移转化模式,提升转化的效率与成功率,促进更多科技成果实现产业化。

当前,中小企业是各国劳动就业和创新的最主要载体,但由于规模和实力所限,中小企业难以拥有独立的高端研发中心,这也成为制约中小企业转

型升级的瓶颈。与此同时,中小企业作为未来创新生态体系中最活跃的关键性要素,因不具备丰富资源而更多地依赖与地方高校合作来从外部获取知识。这既为地方高校提供了发展机遇与合作空间,又符合世界应用型大学的发展规律。地方高校应主动对接企业创新发展的突出问题与现实需求,利用多学科聚集的知识体系优势和高层次师生创新团队的人力资源优势,积极提供技术服务,更好地把科技创新成果转化为企业的新生产力和经济发展的新动能,为地区产业升级提供不竭动力。

浙江万里学院充分利用"科技特派员"制度这一特殊的科技成果转化模式,坚持人才和服务下沉,建立"政府选派+法人管理+团队服务+个人指导"工作模式,为全省乡村振兴、科技扶贫、产业提升贡献"万里智慧"。2016—2020 年,浙江万里学院共组建省级法人特派员 1 人,派出省级科技特派员团队 3 个,省级特派员 7 人,宁波市科技特派员兼农村指导员 1 人,科技特派员团队 27 支,服务规模达 3000 余人次,间接产生经济效益近 10 亿元,为广大农民和农村点亮科技之光并带去脱贫致富的希望之光。一方面,"科技特派员"制度通过人才下乡、科技下乡,促进了地方经济的发展;另一方面,它为广大师生提供了成果转化、创新创业、实习实训的发展平台,一定程度上倒逼科研水平的提升。

科技成果转移转化,离不开一定规模与较高质量的科研项目的支撑。以2019 年为例,浙江万里学院新增科研立项 322 项,其中国家级 12 项,省部级35 项,横向 192 项;科研实际到账经费超过 6000 万元,同比增长 90%。2019年初,学校首批青年博士国家级培育项目成功立项,其中全额资助 7 项,有 3项获得 2019 年度国家自然科学基金立项资助。正是基于这样的数据,浙江万里学院的科技成果转移转化率在同类型高校中处于领先地位。

综上所述,浙江万里学院始终把建设高水平地方应用型本科高校作为发展目标,始终把构建产科教融合生态系统作为达成发展目标的重要途径。未来,将不断强化组织变革,提升组织创新力与治理能力,凸显"民营、公助、国有"特性,以民营的效益拓展公助资源,以公助的增量壮大学校实力,以国有的性质保障民营的活力;充分发挥章程的政治引领、目标引领、文化引领作用,把创新办学 20 年与历史传承 50 年的大学文化以"万里文化"的理念、制度、实践,呈现为万里文化的雄健表达。

下一阶段,学校将深入探讨疫情防控常态化、经济运行双循环内卷化的情势下,学校发展的机遇与挑战。将人才培养、科学研究、社会服务的制度体系深化、细化、实化;厘清举办者、董事会、学校三者关系;以战略规划为引导,以组织变革为动力,实施"一院一策",打造"一院一品";建设一批开放性、国际化的高端学术平台、产科教平台,汇聚更多的学科领军人物和高水平研究团队;主动对接国家和区域战略需求,培育更多、更优的应用型人才,打造更多的"双万"专业、"双万"课程;进一步传承创新文化,提升服务地方的能力和办学声誉,最终打造一个战略目标清晰、内外环境和谐、互促共赢、良性循环的产科教融合生态系统,争取在 5~10 年实现升格万里大学的宏伟发展目标。

参考文献

[1] C. K. 普拉海拉德,G. 海默. 公司的核心能力[J]. 哈佛商业评论,1990 (5):13.

[2] Myers T,Monypenny R,Trevathan J. Overcoming the glassy-eyed nod: An application of process-oriented guided inquiry learning techniques in information technology[J]. Journal of Learning Design,2012,5(1): 12-22.

[3] Rooij,A. University knowledge production and innovation: Getting a grip[J]. Minerva A Review of Science Learning & Policy,2014,52(2):263-272.

[4] 蔡宗模. 高等教育应用转型的逻辑与问题[J]. 教育发展研究,2012(21): 1-5.

[5] 崔民日,周治勇. 地方本科高校、企业、政府产教融合对策研究:以协同创新为视角[J]. 贵州工程应用技术学院学报,2015(4):118-123.

[6] 丁云龙,孙冬柏. 产业研究院的创建及意义[J]. 中国高校科技,2012(Z1): 46-48.

[7] 董涵琼,刘辉,赵醒村. 科教融合:起源、演变、问题与思考[J]. 医学教育管理,2019(2):129-134.

[8] 樊立宏,周晓旭. 德国非营利科研机构模式及其对中国的启示:以弗朗霍夫协会为例的考察[J]. 中国科技论坛,2008(11):134-139.

[9] 顾建平,李建强,陈鹏. 日本产业技术综合研究院的发展经验及启示[J]. 中国高校科技,2013(11):38-40.

[10] 顾新. 区域创新系统的失灵及其完善措施[J]. 四川大学学报(哲学社会科学版),2001(3):137-141.

[11] 郭百涛,王帅斌,王冀宁,等. 江苏省新型研发机构共建模式研究:基于江苏省产业研究院膜科学技术研究所案例分析[J]. 科技管理研究,2019(12):79-84.

[12] 韩学军. 发达国家应用型创新人才培养模式的比较研究[J]. 理论界,

2010(2):1-11.

[13] 韩元建,陈强.对共性技术概念的再认识[J].中国科技论坛,2014(7):127-132.

[14] 黑格尔.逻辑学(上卷)[M].杨一芝,译.北京:商务印书馆,1977.

[15] 亨利·埃兹科维兹.三螺旋[M].周春彦,译.北京:东方出版社,2005.

[16] 胡天佑.建设"应用型大学"的逻辑与问题[J].中国高教研究,2013(5):26-31.

[17] 胡艺凡.校地合作产业研究院模式研究[D].成都:电子科技大学,2018.

[18] 霍丽娟.基于知识生产新模式的产教融合创新生态系统构建研究[J].国家教育行政学院学报,2019(10):38-44.

[19] 季松磊,等.产业技术研究院:一种新型的产学研合作组织模式[J].南京工业大学学报(社会科学版),2010(9):86-89.

[20] 国家统计局,科技部.中国科技统计年鉴(2012)[M].北京:中国统计出版社,2012.

[21] 李宝银,陈荔,陈美荣.转型发展中应用型本科院校产业学院建设探究[J].教育评论,2017(12):3-6.

[22] 李宝银,汤凤莲,郑细鸣.产业学院的功能设计与运行模式[J].教育评论,2015(11):3-6.

[23] 李红涛,郭鹏.论工业技术研究院在我国科技创新体系中的作用和地位[J].科技进步与对策,2008(2):38-41.

[24] 李建奇,孙倩."三螺旋"视角下地方高校产教融合生态系统构建[J].中国建设教育,2019(5):20-25.

[25] 李建强,黄海洋,陈鹏,等.产业技术研究院的理论与实践研究[M].上海:上海交通大学出版社,2011.

[26] 李进华,耿旭,陈筱淇,等.科技创新型城市科技成果转移转化政策比较研究:基于深圳、宁波政策文本量化分析[J].科技管理研究,2019(12):29-37.

[27] 李培哲,菅利荣,裴珊珊,等.企业主导型产业研究院组织模式及运行机制研究[J].科技进步与对策,2014(12):65-69.

[28] 李小丽,石谦,钮晓鸣.开放创新,转化成果:上海产业研究院成果转化的思想与实践[J].华东科技,2013(10):16-19.

[29] 李颖.美国国家标准技术研究院[J].世界标准信息,2002(6):12-13.

[30] 理查德·惠特利.科学的智力组织和社会组织[M].赵万里,等译.北京:

北京大学出版社,2011.

[31] 林良富,徐明.高水平应用型大学产学研一体化路径探索:以浙江万里学院为例[J].浙江万里学院学报,2019(3):71-76.

[32] 林志坚.政府主导型产业研究院运作模式的创新思考[J].科技管理研究,2013(21):37-40.

[33] 刘国买,何谐,李宁,等.基于"三元融合"培养应用型人才:新型产业学院的建设路径[J].高等工程教育研究,2019(1):62-66,98.

[34] 刘洪民.协同创新背景下中国产业共性技术研发组织模式创新[J].科技进步与对策,2013(13):59-66.

[35] 刘继广.高职教育生态圈视角的产教深度融合途径研究[J].中国经贸导刊(中),2020(1):143-145.

[36] 刘小花,孙翠香.地方政府深化产教融合的政策创新研究:基于22项地方产教融合政策文本的Nvivo分析[J].中国职业技术教育,2019(25):24-32.

[37] 刘欣.应用型本科教育的起点范畴与特征[J].中国高等教育评论,2010(1):427-438.

[38] 楼世洲,吴海江.高校服务地方创新驱动发展的政策研究:浙江省的实践[M].北京:经济科学出版社,2018.

[39] 罗瑶嘉.地方高水平大学理工类本科应用型人才培养研究[D].大庆:东北石油大学,2019.

[40] 迈克尔·吉本斯,卡米耶·利摩日,黑尔佳·诺沃茨曼,等.知识生产的新模式:当代社会科学与研究的动力学[M].陈洪捷,沈文钦,等译.北京:北京大学出版社,2011.

[41] 米欣.近二十年产业研究院研究的现状、热点与前沿趋势:基于CNKI 1999—2018年文献的知识图谱分析[C]//中共沈阳市委,等.第十六届沈阳科学学术年会论文集(经管社科).沈阳:沈阳市科学技术协会,2019.

[42] 潘懋元.产学研合作教育的几个问题[J].中国大学教学,2008(3):15-17.

[43] 潘懋元.关于高等教育学科建设的若干问题:在全国高等教育学科建设研讨会上的报告[J].高等教育研究,1993(2):1-6.

[44] 潘懋元.应用型人才培养的理论与实践[M].厦门:厦门大学出版社,2011.

[45] 潘懋元,车如山.做强地方本科院校:地方本科院校的定位与特征[J].中

国高教研究,2009(12):15-18.

[46] 邵庆祥.具有中国特色的产业学院办学模式理论及实践研究[J].职业技术教育,2009(4):44-47.

[47] 史健勇.基于东方管理理论的应用型大学竞争力研究[D].上海:复旦大学,2012.

[48] 苏志刚.高水平应用型大学建设探索与实践[J].中国高校科技,2019(6):4-8.

[49] 孙翠香.新时代的新使命:"产教融合"政策分析[J].教育与职业,2018(18):11-17.

[50] 王保宇.深化产教融合:协同主体及影响因素[J].职业技术教育,2018(18):29-33.

[51] 王成军.官产学重螺旋研究[M].北京:社会科学文献出版社,2005.

[52] 王春莉,于升峰,肖强,等.德国弗朗霍夫模式及其对我国技术转移机构的启示[J].高科技与产业化,2015(10):26-30.

[53] 王琳琳.现代企业人才需求对高职院校学生工匠精神培育的启示[J].开封教育学院学报,2019(3):156-157,209.

[54] 王宁宁.中日工科院校应用型本科人才培养模式比较研究[D].哈尔滨:哈尔滨理工大学,2016.

[55] 王秋玉.高校深化产教融合运行机制研究[J].中国成人教育,2017(13):36-39.

[56] 王志强,卓泽林."创新驱动"战略下高等教育与社会互动机制研究:基于大学变革的视角[M].北京:中国社会科学出版社,2018.

[57] 吴金希.公立产业研究院的建设机制探究[J].科技管理研究,清华大学学报(哲学社会科学版),2013(3):136-145.

[58] 吴金希.浅议战略新兴产业技术研究院的建设[J].现代产业经济2013(6):6-9.

[59] 武学超.模式3知识生产的理论阐释:内涵、情境、特质与大学向度[J].科学研究,2014(9):1297-1305.

[60] 谢笑珍."产教融合"机理及其机制设计路径研究[J].高等工程教育研究,2019(5):87-93.

[61] 徐金梧.坚定"质量+特色"内涵发展之路 大力提升行业特色型大学核心竞争力[J].北京教育(高教版),2011(1):15-17.

[62] 徐秋儿.产业学院:高职院校实施工学结合的有效探索[J].中国高教研

究,2007(10):72-73.

[63] 许僚,贾敬敦.2019 全国技术市场统计年报[M].北京:兵器工业出版社,2019.

[64] 姚毅.我国科技成果转化的理论逻辑及对策:基于公立产业技术研究院的视角[J].企业经济,2018(4):165-170.

[65] 袁靖宇.高等教育:产教融合的历史观照与战略抉择[J].中国高教研究,2018(4):55-57.

[66] 苑衍刚,等.新型研发机构异军突起大有可为[C]//黄守宏,主编.政策研究与决策咨询.北京:中国言实出版社,2018.

[67] 曾璐璐.新时代产教共享生态系统建构研究[J].安徽商贸职业技术学院学报(社会科学版),2019(2):65-68.

[68] 张大良.把握"学校主体、地方主责"工作定位 积极引导部分地方本科高校转型发展[J].中国高等教育,2015(10):23-29.

[69] 张根华,冀宏,钱斌.行业学院的逻辑与演进[J].高等工程教育研究,2019(1):67-75.

[70] 张国昌,胡赤弟.知识生产方式变迁下的产业—教学—科研—学习连结体的组织特征[J].高等教育研究,2012(11):27-31.

[71] 张乐.知识生产模式转型驱动下研究型大学改革路径研究[J].高等教育管理,2019(5):16-24,66.

[72] 张艳芳,雷世平.论混合所有制产业学院的内涵、地位及属性[J].中国职业技术教育,2018(34):50-55.

[73] 张玉珍.基于知识创新的知识运动机制研究[J].现代情报,2006(7):2-4.

[74] 中华人民共和国科学技术部.中国科学技术发展报告2014[M].北京:科学技术文献出版社,2016.

[75] 钟碧芬,潘菊素.产教融合特色学院建设路径探讨:基于宁波高校的视角[J].宁波职业技术学院学报,2019(3):10-14.

[76] 朱建新.地方应用型大学变革研究:以 X 学院为例[D].杭州:浙江大学,2019.

[77] 朱为鸿,彭云飞.新工科背景下地方本科院校产业学院建设研究[J].高校教育管理,2018(2):30-37.

[78] 综合开发研究院.新经济与旧体制[M].北京:中国经济出版社,2018.

后　记

　　高等教育产科教融合是一项难题,具有较强的政策依赖和路径依赖,远非一个课题、一本研究著作所能解决,而是需要在长期实践中不断加以探索与研究。浙江万里学院地处经济发达的沿海港口城市宁波,宁波政府坚持以服务区域经济社会发展需求为导向制定支持高校发展政策,在我国最早以立法形式通过并实施地方性校企合作政策。浙江万里学院把产科教融合作为学校高质量发展的必由之路,于 2003 年创建全国首家虚拟学院——奥克斯学院,2009 年创建全国首批华为网络行业学院,2016 年起创建全国首家跨境电商产业学院等 11 家产业学院和宁海海洋生物种业研究院等 4 家产业研究院,历经 20 多年的理实互促,产科教融合组织形态不断迭代,探索了从校企二元互动、缩短学生就业岗位适应期的定制化培养,到多元主体紧密协同、资源统配、教学科研互促、价值共生的产业学院和产业研究院发展生态。由于大学、政府、企业、科研机构、中介机构等主体属于不同组织类型,组织属性存在差异,产科教融合实践遇到了许多挑战,诸如校企之间联结松散、缺乏"共赢"的利益分享机制、难以形成长效可持续发展机制等。所有这些问题,随着研究的深化和实践的深入,逐步得到解决,生态系统的概念也逐渐浮出水面。本书基于知识生产模式、组织生态学理论,创新产科教融合组织载体,提出通过协同进化来保持大学—政府—企业—科研院所—中介机构彼此间合作网络的持续性,进而形成良性循环的产科教融合生态系统。

　　本书得到 2019 年全国教育科学规划课题"地方应用型本科高校产学研创新探索——以浙江万里学院为例"(课题批准号:FIB180536)的支持,凝结了课题组全体成员的心血与汗水、知识与智慧。全书由课题组成员分工负责,分别撰写。具体分工为:前言,徐立清;第一章,李凤;第二章,翁达、李凤;第三章,徐立清、陈丽;第四章,杨华;第五章,徐明。林良富、马建荣负责整体框架设计、审稿,李凤负责统稿。